Klages, Vetter

Bürgerbeteiligung auf kommunaler Ebene

Modernisierung des öffentlichen Sektors **Sonderband 43**

Gedruckt mit freundlicher Unterstützung der Hans-Böckler-Stiftung.

Helmut Klages
Angelika Vetter

Bürgerbeteiligung auf kommunaler Ebene

Perspektiven für eine systematische und verstetigte Gestaltung

edition sigma

Die ‚gelbe Reihe' »Modernisierung des öffentlichen Sektors« im Internet:
www.gelbereihe.de

Bibliografische Information der Deutschen Nationalbibliothek

Die Deutsche Nationalbibliothek verzeichnet diese Publikation in der Deutschen Nationalbibliografie; detaillierte bibliografische Daten sind im Internet über http://dnb.d-nb.de abrufbar.

ISBN 978-3-8360-7293-9
ISSN 0948-2555

Druck: Rosch-Buch, Scheßlitz

Printed in Germany

Inhalt

1 Einleitung

Auf Grund der Ergebnisse einer vergleichenden Studie über die Entwicklung der lokalen Demokratie und ihrer Probleme in europäischen Ländern stellen Schaap und Daemen 2012 fest, dass es in allen acht von ihnen untersuchten Ländern einen „universellen“ Trend gibt: Überall tritt eine zunehmenden „Kluft“ zwischen den Bürgern und der Politik zutage (vgl. Schaap/Daemen 2012, S. 9ff.). Diese Kluft – im Englischen gewöhnlich als „gap“ bezeichnet – findet ihren Ausdruck überall in einer sinkenden Wahlbeteiligung, einer steigenden Unzufriedenheit mit Politikern und politischen Parteien und in einem verbreiteten Misstrauen ihnen gegenüber. Die Kluft zeigt sich aber auch in gelegentlichen Eruptionen aufgestauter Protestneigungen, die mit Neigungen zu apathischer „Verdrossenheit“ abwechseln, wenngleich sich dahinter überraschender Weise aber eine anschwellende und inzwischen weite Teile der Bevölkerung umfassende Bereitschaft zur aktiven Beteiligung an der Gestaltung der gesellschaftlichen Lebensumwelt versteckt (vgl. auch Bertelsmann Stiftung 2009). Diese Bereitschaft geht jedoch – und dies ist wiederum überraschend – mit einer meist nur schwachen und von Vorbehalten abgebremsten Reaktion auf gelegentliche Beteiligungsangebote einher.

Diese in mehrfacher Hinsicht widersprüchlich erscheinenden „universellen“ Trends geben Schaap und Daemen zufolge „Rätsel“ auf, die zu unterschiedlichen Erklärungen führen. Einigkeit scheint nur darüber zu bestehen, dass die Entwicklungen mit Reformen der bestehenden Demokratie einhergehen sollten. Die Auffassungen darüber, welche Wege solche Reformen einschlagen sollten, fallen jedoch, wie Schaap und Daemen ausführen, unterschiedlich aus. Zum einen gibt es Überlegungen, die in Richtung gradueller Verbesserungen des bestehenden demokratischen Modells zielen, z.B. durch die erweiterte Direktwahl der Inhaber von Spitzenämtern oder durch „Kumulieren“ und „Panaschieren“ bei der Wahl von Abgeordneten. Daneben stehen zum anderen aber auch Modelle, die eine erweiterte Partizipation der Bürger an Entscheidungen vorsehen, ebenso wie radikalere Überlegungen zur Machtübertragung von gewählten Repräsentanten auf die Bürger und zur Herstellung einer „direkten Demokratie“ z.B. durch Volks- oder Bürgerentscheide bzw. durch Referenden nach Schweizer Vorbild. Schließlich finden auch Vorstellungen ihren Markt, die auf eine verstärkte Mitwirkung der Bürger an der Wohlfahrtserzeugung durch Co-Produktionsarrangements abstellen, ohne dass die Frage der Beteiligung der Bürger an Entscheidungen aufgeworfen wird.

Wir wollen in diesem Buch die vorstehend genannten „Rätsel" aufgreifen, auflösen und eine Antwort auf die Frage versuchen, welche Form von Demokratie und welche Art von Beteiligungsangeboten unseres Erachtens zur Problemlösung beitragen können. Wir vertreten dabei die Position, dass vor allem eine Systematisierung und Verstetigung von Bürgerbeteiligungsangeboten nötig ist, um die beispielhaft von Schaap und Daemen beschriebenen Symptome zu kurieren. Entsprechend beschäftigt sich der Hauptteil dieses Buches mit der Frage, wie eine solche Systematisierung und Verstetigung aussehen und wie sie praktisch umgesetzt werden kann. Wir halten es für wichtig, unserer Antwort eine ausführliche Problemanalyse der bestehenden Situation voranzustellen, um die daran anschließenden Überlegen besser einordnen zu können. Deshalb wenden wir uns zunächst einer Ursachenanalyse zu. Wir wollen hierbei aber nicht allzu „akademisch" werden, obwohl wir uns unter unseren Lesern durchaus einschlägig interessierte Wissenschaftler und Studierende wünschen. Vielmehr haben wir als Leser auch Praktiker und Praktikerinnen im Auge, die – unter dem Druck alltäglich zunehmend spürbarer Probleme – *nach praktikablen Hilfen zu deren Überwindung* suchen. Wir wollen deshalb die Ursachenanalyse kurz fassen und uns anstelle dessen in den nachfolgenden praxisorientierten Teilen des Buches – unter Einbeziehung eigener praktischer Erfahrungen – einen längeren Atem gönnen und abschließend explizit auf unseres Erachtens kritische Punkte bei der praktischen Gestaltung entsprechender Beteiligungsangebote eingehen. Wir hoffen, mit diesem Vorgehen den unterschiedlichen Erwartungen, die sich vermutlich an dieses Buch richten, ausreichend gerecht zu werden.

2 Versuch einer Ursachenanalyse der Kluft zwischen Bürgern und Politik

2.1 Rückblick auf die Entstehung der Demokratie in Europa

Wir beabsichtigen in unserer Untersuchung keine Demokratieanalyse und schon gar nicht eine historische Abhandlung. Dennoch wäre unsere Annäherung an das im Kern sehr praktisch gemeinte Thema des Buches nicht verständlich, wenn wir die demokratieanalytische und historische Perspektive gänzlich beiseitelassen würden. Wir bitten den oder die Leser/in daher, uns für einen Augenblick zu einem Rückblick auf die Entstehungssituation der modernen Demokratie auf dem europäischen Kontinent seit dem Ende des 18. Jahrhunderts zu folgen.

Schlagwortartig gesagt ging es in dieser Zeit – für Deutschland waren insbesondere die Entwicklungen in Frankreich von einer hautnah erlebbaren Bedeutung – um eine mit revolutionären Mitteln verfolgte „bürgerliche" Machterringung in den vom „Ancien Régime" geschaffenen zentralen Regierungs- und Verwaltungsinstitutionen (vgl. Tocqueville 1978). Bei genauerem Hinsehen zeigt sich allerdings, dass es sich hierbei gar nicht so sehr um „die Bürger" insgesamt handelte, sondern vielmehr um eine Elite, die sich zum sogenannten „Dritten Stand" („tiers état") bekannte und ihn vertrat bzw. zu vertreten beanspruchte, ohne dafür allerdings bereits eindeutig legitimiert zu sein. Die Schließung der hier bestehenden Legitimitätslücke erfolgte durch den innovativen, in denkerisches und politisches Neuland führenden – und deshalb auch nur zögerlich und unter Widerständen und Rückschlägen unternommenen – Schritt in Richtung einer dem Prinzip der Gleichheit folgenden *Wahlgesetzgebung*. Das dabei entstehende Demokratie-Modell war bereits seit längerem in England und kurze Zeit vorher in Amerika vorentworfen worden und setzte sich nachfolgend – unter der Einwirkung der sich zunehmend vermehrenden Zahl der Vorbilder – über einen längeren Zeitraum hinweg in einer anwachsenden Zahl von europäischen Staaten durch. Überall wurde allerdings ein grundsätzlicher Unterschied zu der verschiedentlich als Vorbild genutzten athenischen Demokratie – das Zentrum der Willensbildung war hier nicht die Wahl von Delegierten, sondern eine permanent agierende Volksversammlung – mehr oder weniger stillschweigend in Kauf genommen. Der Grund für diese Abweichung kann darin gesucht werden, dass die Verhältnisse in den streng geschichteten, überwiegend noch agrarischen Flächenstaaten des 18. und beginnenden 19. Jahrhunderts die volle Übernahme des athenischen Modells schlechterdings ausschlossen. Grob gesagt war die breite Bevölkerung im Ganzen offensichtlich noch nicht politik- bzw. demokratiefähig. Ihre Ernennung zum agierenden demokratischen Subjekt würde das Demokratie-Projekt hoffnungslos desavouiert haben.[1]

2.2 Der zwischenzeitliche politische und gesellschaftliche Wandel

Der politische und gesellschaftliche Wandel, der seitdem von Europa ausstrahlend vor sich ging, stellt – mit dem Zentrum der „industriellen Revolution" – den dynamischsten Abschnitt der „Universalgeschichte" der Menschheit dar. In seinem Verlauf fand innerhalb kurzer Zeit ein totaler – auch gegenwärtig noch nicht beendeter – Umsturz der Lebensverhältnisse statt.

Ein erster in sich selbst mehrgliedriger Effekt dieses Umsturzes bestand in einer fortwährenden Umwälzung der institutionellen Strukturen des politischen und gesellschaftlichen Lebenssystems. Ein zweiter Aspekt dieses Umsturzes bestand in der Auflösung der alltagswirksamen traditionalen Verortungen und engräumigen Begrenzungen, welche der menschlichen Existenz vormals über unabsehbar lange Zeiträume hinweg das Gepräge gaben (vgl. hierzu inzwischen gängig gewordene Begriffe wie „Entgrenzung", „Enttraditionalisierung", „Mobilisierung", „Individualisierung", „Rationalisierung" und letztlich natürlich auch „Globalisierung"). In direkter Verbindung mit diesem letzteren Wandel ereignete sich ein – immer noch nicht abgeschlossener – tiefgreifender „Wertewandel" u.a.

1 Der Gegensatz zwischen der damit zum allgemein vorherrschenden Modell erhobenen „repräsentativen" Demokratie und einer radikal weitergedachten, die Regierungsentscheidungen unmittelbar in die Hände der Bevölkerung legenden „plebiszitären" Demokratie, die vor allem J.J. Rousseau als Idealform der Demokratie vorgeschwebt hatte, wurde in den Verfassungsdiskussionen der Anfangszeit der modernen Demokratie nur selten thematisiert. Zu den Ausnahmen gehören die amerikanischen Federalist Papers von 1787, die sich allerdings verhältnismäßig apodiktisch für die repräsentative Lösung entschieden, und diejenigen Debatten im Pariser Nationalkonvent, die sich an den gegensätzlichen Entwürfen des Abbé Sieyès und des Rousseau-Anhängers Condorcet zu den französischen Verfassungen von 1791 und 1793 entzündeten. (Vgl. hierzu Fraenkel 2011, S. 186ff. u. 208ff.). Condorcet schrieb zur Abwertung der Bedeutung des damals rein empirisch gesehen unwiderlegbaren Befähigungsmangels der europäischen Bevölkerung den umfangreichen „Entwurf einer historischen Darstellung der Fortschritte des menschlichen Geistes" (in französischer Sprache erstmals veröffentlicht im Jahr 1795).

mit der Folge vorherrschend werdender sozialer Ansprüche nach Einbeziehung und Teilhabe bei der Gestaltung der Bedingungen der eigenen Lebensgewährleistung, der den gesellschaftlichen Bedürfnishaushalt einschneidend veränderte und immer noch verändert. Diese beiden Seiten des Umsturzes – seine institutionelle Seite und die Dynamik des spontanen „gesellschaftlichen Wandels“ – entwickeln allerdings Eigentendenzen und -logiken, die nicht aufeinander abgestimmt sind, sondern unterschiedliche Pfade einzuschlagen vermögen, wobei sich Spannungen und Konflikte einstellen, welche zu gegenseitigen Blockierungen, aber auch zu Eruptionen und schwerwiegenden Erschütterungen führen können.

Wir halten es für notwendig, diese dynamischen – und teils auch widersprüchlichen – Rahmenbedingungen selbst dort zu berücksichtigen, wo es auf den ersten Blick betrachtet nur um alltägliche Fragen einer an Managementprinzipien orientierten Systemgestaltung in pragmatischer Absicht zu gehen scheint. Sehr viele gegenwärtige Probleme haben ihre Ursache in einem scheinbar „modernen“, mit optimaler Passung im Zuge der Zeit liegenden „schnellen“ Denken, das sich in Wahrheit aber mit naiver Zuversicht und mangelnder Orientierungsfähigkeit in einem Labyrinth komplexer Zusammenhänge bewegt, ohne die Tücken und Fallen in dessen Bauprinzip zu erahnen (vgl. Kahneman 2012).

2.2.1 Wandlungen im staatlichen Gefüge

Beginnen wir mit den vorstehend genannten Umwälzungen der politischen Strukturen, dann fällt ins Auge, dass sich die in modernen Demokratien fortlaufend erforderlichen Sachentscheidungen mit der Entwicklung des Staates vom herkömmlichen Hoheitsstaat zum modernen Planungs- und Dienstleistungsstaat enorm vermehrt haben. Dieser Vorgang schlägt sich in einem zunehmenden Umfang der Kataloge öffentlicher Aufgaben, in einer anschwellenden Zahl gesetzlicher Regelungen, in einem schnell wachsenden Anteil von Gesetzen, die als „Maßnahmengesetze“ auf die zielorientierte Gestaltung und Steuerung gesellschaftlicher Strukturen und Prozesse abstellen, wie auch letztlich in der Tatsache nieder, dass inzwischen mindestens die Hälfte des Sozialprodukts öffentlichen Entscheidungen unterliegt, ohne dass die inzwischen ideologisch opportunen Bemühungen um Privatisierung hieran sehr viel zu ändern vermögen.

2.2.2 Strukturelle Wandlungen im politischen System

Wie schon gesagt, wurden – mit der Ausnahme der Schweiz, wo Sonderbedingungen vorlagen – bei der „Erfindung“ der modernen Demokratie

Abstriche vom Athenischen Modell gemacht, die dazu führten, dass sich die politische Beteiligung der breiten Bevölkerung auf die regelmäßig wiederkehrende Wahl von Delegierten beschränkte, die zwischen den Wahlen bei einer zunehmenden Menge laufend anfallender Sachentscheidungen frei waren, ihren eigenen Gestaltungszielen und Entscheidungsinteressen zu folgen. Der damit gegebenen quasi-elitären Freistellung der Delegierten von Direktiven „von unten“ wuchsen nachfolgend – mit einer gewissen Unvermeidlichkeit – Herrschaftsinteressen nach, die durch institutionelle Absicherungen verschiedener Art zementiert wurden (vgl. z.B. Artikel 38 des Grundgesetzes, wo es ausdrücklich heißt, dass die Abgeordneten nur „ihrem Gewissen unterworfen“ sind).

Hierbei spielt eine erhebliche Rolle, dass sich die Herstellung politischer Entscheidungen – je länger, desto mehr – unter den Bedingungen einer „Subsystembildung“ (Niklas Luhmanns vielfach wiederholte Ausführungen zu diesem Thema sind hier einschlägig), d.h. aber auch unter den Bedingungen einer zunehmend deutlichen Grenzziehung nach außen vollzog, wobei sich aber unter der Hand immer höher werdende Informationsbarrieren im Verhältnis zwischen der Politik und den Bürgern einstellten. Ein wichtiger mitwirkender Faktor war und ist hierbei, dass im Plenum des Parlaments in der Mehrzahl der Fälle nur die mehr oder weniger formalen Schlussphasen von Willensbildungsprozessen ablaufen. Die eigentlichen Entscheidungsvorgänge sind längst in Ausschüsse und zunehmend zahlreiche außer- und vorparlamentarische Gremien, oder auch in die staatlichen Bürokratien abgewandert, die Gesetzentwürfe vorlegen, welche in der Regel bereits mit den politisch einflussreichen gesellschaftlichen Kräften abgestimmt sind.

In Verbindung mit der u.a. auch hiermit einhergehenden Entwicklung moderner Demokratien zu „pluralistischen“ Systemen verläuft der politische Willensbildungsprozess nicht mehr direkt von den einzelnen Bürgern zu den eigentlich als Aggregierungsinstanzen vorgesehenen politischen Entscheidern bzw. den politischen Parteien, sondern vielmehr in starkem Maße über zunehmend zahlreiche „organisierte Interessen“, die den Entscheidern als Partner und Einflussträger entgegentreten und Abstimmungsprozesse erzwingen, deren Ergebnisse massiv in die politischen Entscheidungen eingehen. Der „unorganisierte“ Bürger erscheint auf diesem Hintergrund leicht als eine im Grunde überflüssige, jedenfalls aber unangemessene zusätzliche Belastungen aufnötigende, nicht eindeutig zuordenbare „Restgröße“.

2.2.3 Kulturelle Entfremdung

Wie die neuere sozialwissenschaftliche Systemtheorie unter ausdrücklicher Bezugnahme auf den politischen Bereich feststellt, verbindet sich mit der Subsystembildung im Bereich der Parlamentsarbeit aber weiter auch die Entstehung politikspezifischer Werte und Handlungspraktiken, die sich der allgemeinen Kenntnis, vielfach aber auch der allgemeinen Verstehbarkeit und Nachvollziehbarkeit entziehen. Die Politikforschung hat diese bedeutsamen Veränderungen bisher nur unvollständig aufgehellt. Immerhin gibt es aber Spezialstudien aus dem kommunalen Bereich, die eine Reihe wichtiger Aufschlüsse vermitteln. So hat die empirische Forschung schon vor längerer Zeit ein Auseinanderdriften der Handlungsprioritäten von Bürgern und Kommunalpolitikern festgestellt, das umso deutlicher und gravierender ist, je größer die untersuchten Kommunen sind (vgl. Arzberger 1980, S. 137ff.).

Hierin kommt zunächst zum Ausdruck, dass die lebensweltliche Nähe von Bürgern und Politikern und die Beziehungsdichte zwischen ihnen mit zunehmender Größe des Gemeinwesens rapide abnimmt. Die Kommunikationsfelder und persönlichen Netzwerke beider Seiten wandern bei der Überschreitung kritischer Größenschwellen schneller auseinander, als man gemeinhin annimmt. Diese kritischen Schwellen sind bei Städten mit 100.000 Einwohnern bereits längst überschritten. In Entsprechung hierzu zeigte sich bei Bürgerbefragungen im städtischen Bereich, dass nur ein sehr kleiner Teil der Befragten daran dachte, im Fall besonderer persönlicher Probleme Mitglieder des Stadtrates anzusprechen, während die Stadtverwaltung relativ häufig genannt wurde. Die bei Stadt- und Gemeinderatsmitgliedern beliebte Vorstellung, den Finger am Puls der Bürger zu haben, enthüllt sich angesichts dessen als eine Illusion, die erkennen lässt, wie wenig die Fakten zunehmender Systemkomplexität und der mit ihr verbundenen Subsystembildung und Systemverselbständigung bisher von den politischen Akteuren reflektiert werden.

In dem Auseinanderdriften der Handlungsprioritäten von Bürgern und Politikern kommt aber weiterhin zum Ausdruck, dass sich mit wachsender Größe des Gemeinwesens soziale Differenzierungsprozesse einstellen, in denen es zur Ausbildung divergierender, sich zunehmend fremd gegenüberstehender Lebenswelten und „Kulturen" kommt. So gelangen in den alltäglichen Handlungskalkülen der Politiker zunehmend Sachgesichtspunkte zur Geltung, die für den Alltag der „Menschen draußen" keine unmittelbare Relevanz haben. Begriffe wie „Mehrheitsbeschaffung", „Koalitionsbildung", „Berücksichtigung divergierender Interessen", „Machterhalt", „Fraktionsdisziplin" und „Konfliktbewältigung durch Kompromissbildung“, die zum pragmatischen Alltagsinstrumentarium „professioneller“ Politik gehören und die Entscheidungen von Politikern maßgeblich beeinflussen, sind der Mehrheit der Bürger fremd und im Grunde genommen verdächtig. Ihre Idealvorstellungen von Politik, die sie als Erwartung und Bewertungsmaßstab an das Verhalten der Politiker herantragen, haben viel eher etwas mit „Gemeinwohlverpflichtung“, „Sorge um das Wohlergehen der Menschen“ und „Gerechtigkeitsstreben“, weiter aber auch mit „Ehrlichkeit“, „Verlässlichkeit“, „Intelligenz und Durchsetzungskraft bei der Verfolgung gemeinnütziger Ziele“ und vor allem mit „Uneigennützigkeit“ zu tun und liegen somit überwiegend auf einer Ebene, die aus der Perspektive der politischen Alltagspraxis als idealistisch und „weltfremd“ erscheinen muss. Empirische Studien, welche die an die Adresse von Politikern gerichteten Erwartungen von Bürgern ermittelten, machten eine eindeutige moralische Tönung sichtbar (vgl. z.B. Klages/Herbert 1983). Sie ließen aber auch persönlichkeitsbezogene Wünsche nach Ansprechbarkeit und sympathischer Ausstrahlung von Politikern erkennbar werden. Zusammengefasst zeigte sich, dass die Bürger dazu neigen, Erwartungen, die sie bezüglich anderer Menschen in ihrem persönlichen Kommunikationsumfeld haben, ohne Reflexion der Andersartigkeit der dort bestehenden Bedingungen, d.h. aber auch ohne Kompromisse und Abstriche, ja sogar mit einer Neigung zu rigoristischen Überhöhungen, auf den Bereich der Politik zu übertragen. Dabei kann es zu paradoxen Entwicklungen kommen. Aufschlussreicher Weise erbrachte Zeitungsnotizen zufolge die Befragung amerikanischer Wähler bei der US-Präsidentschaftswahl im Jahr 2000 das Ergebnis, dass Männer u.a. deswegen mehr für George W. Bush jr. als für seinen Gegner Al Gore waren, weil sie den Eindruck hatten, sie würden mit dem ersteren viel lieber als mit dem letzteren zu einem abendlichen Glas Bier zusammenkommen.

2.2.4 Die Ausbreitung des rationalen Denkens

Es braucht nicht zu überraschen, dass die vielfältigen Veränderungen, die mit dem Gesamtprozess gesellschaftlicher Modernisierung einhergehen, letztlich auch in die *Psyche der Menschen* eingreifen und sie tiefreichend umgestalten. Die Menschen werden „rationaler“, „zivilisierter“ und „individualistischer“, stellen sich gleichzeitig aber auch immer mehr auf die Erfordernisse eines flexiblen, zu überraschenden Umstellungen und Neupositionierungen zwingenden und wechselnden Anforderungen genügenden Lebens ein (vgl. Elias 2003).

Zu den Wandlungen der Menschen selbst gehört an vorrangiger Stelle eine fortschreitende Aufwertung des rationalen Denkens im Alltag. Der gesellschaftliche Alltag ist heute in einem Maße von rationalem Denken beherrscht, das in früheren Zeiten unvorstellbar gewesen wäre. Wenn man heute sagt, es komme darauf an, in allen Lebenslagen „vernünftig" zu sein, dann hat dies nicht mehr wie früher die Bedeutung, etablierten Prinzipien der Tradition und Moral Folge zu leisten. Vielmehr bedeutet es vor allem, darüber nachzudenken, welche Möglichkeiten des Handelns man unter Einbeziehung erwartbarer Handlungsfolgen hat und welcher Handlungsweg sich nahelegt, wenn es darum geht, Ziele unter Minimierung von Aufwendungen und Risiken und unter Maximierung von Erfolgschancen zu erreichen. Dies ist aber nichts anderes als der – zu einem dominanten kulturellen Erwartungsmuster avancierte – Appell an die Fähigkeit und Bereitschaft der Menschen, jederzeit den Prinzipien der Ratio zu folgen. Hiermit hängt zusammen, dass das Gefühlsleben heute nicht nur in der Öffentlichkeit, sondern auch im Beruf, im Straßenverkehr, oder z.B. auch bei der Arztwahl und der Entscheidung über die Alterssicherung weitgehend außen vor bleibt. Natürlich wird das Gefühlsleben nicht völlig unterdrückt. Es werden ihm vielmehr zahlreiche Austragungsmöglichkeiten angeboten, die jedoch im Bereichen angesiedelt werden, die für die Existenzführung nicht von unmittelbarer Wichtigkeit sind, so insbesondere in der „Freizeit", wo sie von entsprechenden Industrien unschädlich inszeniert werden können (vgl. Klages 2007, S. 38f.).

2.2.5 Der gesellschaftliche Wertewandel

Die Wandlungen zum „modernen" Menschen mit neuen situationsentsprechenden Eigenschaften können auf verschiedenen Wegen erfasst und beschrieben werden. Einschlägige Ansätze finden sich beispielsweise in der „Lebensstil"-Forschung, wie auch in Forschungen über „Einstellungs"-Wandlungen, über Wandlungen der sozialen „Schichtung" und der gesellschaftlichen „Rollenmuster" und über die Zunahme der sozialen „Mobilität". Wollte man die Ergebnisse dieser und anderer Erfassungsansätze auch nur ansatzweise verfolgen, dann würde sich ein verhältnismäßig komplexes, teils auch widersprüchliches Bild ergeben. Angesichts unseres Bemühens um Kürze wollen wir deshalb die Möglichkeit nutzen, uns auf einen Wandlungsaspekt zu konzentrieren, der zwar selektiv ist, der nichtsdestoweniger aber die Möglichkeit anbietet, die Wandlungen der menschlichen Psyche von einer zentralen Ebene her zu erfassen, von der aus sich eine Vielfalt weiterer Wandlungen erschließen lassen. Wir meinen den *gesellschaftlichen Wertewandel*, der sich überall nachweisen lässt, wo in der heutigen Welt Modernisierungsprozesse in Gang gekommen sind und der – ungeachtet der höchst verschiedenartigen sozialkulturellen

Ausgangsbedingungen, die sich in den einzelnen Ländern finden – nachweislich überall in der Welt in identischer Richtung stattfindet (vgl. z.B. Inglehart 1995; Klages 2001).

Wie bereits gesagt wird davon ausgegangen, dass die gegenwärtige Gesellschaft für die Menschen komplex, unübersichtlich und auf eine schwer vorauszuberechnende Weise dynamisch geworden ist. Im Gegensatz zu früheren Gesellschaften verlangt die moderne Gesellschaft von den Menschen Anpassung an ständig wechselnde Gegebenheiten und ein häufiges Aufgeben eingespielter Handlungsroutinen, Gewohnheiten und Sozialbezüge. Gleichzeitig fordert sie den Menschen aber auch ein Maß an Eigenständigkeit der Lebensbewältigung ab, das in früheren Gesellschaften eher eine seltene Ausnahme war. Der eingetretene Wechsel wird durch den gegenwärtigen Um- und Abbau des Sozialstaats verschärft, der den Menschen früher eine kollektive Daseinssicherung versprach. Man kann in diesem Zusammenhang von einer aufgenötigten Individualisierung der Lebensgewährleistung einschließlich der mit ihr verbundenen Risiken sprechen.

Die Frage, ob die Menschen den Herausforderungen der fortgeschrittenen Modernisierung gewachsen sein können, spitzt sich damit auf die Frage zu, ob die Menschen diejenigen Wertorientierungen besitzen, die sie haben müssen, um diesen Herausforderungen auf eine innerlich fundierte Weise gewachsen zu sein.

Konzentrieren wir uns auf Deutschland, dann können wir eine erste Antwort auf diese Frage Abbildung 1 entnehmen, die Ergebnisse von Befragungen des Bielefelder EMNID-Instituts wiedergibt. Es werden hier für einen Zeitraum, der von 1951 bis 2001 reicht und aufgrund seiner Länge die Ermittlung von „Trends“ gestattet, die Antworten repräsentativ befragter Personen auf die mehrfach unverändert wiederholte Frage ausgewiesen, welchen Erziehungswerten sie erstrangige Bedeutung zuerkennen.

Das Schaubild vermittelt angesichts der sichtbar werdenden Verschiebungen der Wertebevorzugungen, die sich über die Zeit hinweg einstellten, *erstens* die Einsicht, dass es in Deutschland tatsächlich einen fundamentalen Wertewandel als empirische Realität gegeben hat bzw. immer noch gibt, der – unbeschadet weiter zurückreichender Vorbereitungen, von denen auszugehen ist – ca. in der ersten Hälfte der 60er Jahre des 20. Jahrhunderts in der Bevölkerungsmehrheit mit schubartiger Gewalt einsetzte.

Zweitens lassen sich aus dem Schaubild aber auch deutliche Hinweise darauf entnehmen, dass es sich bei diesem Wandel nicht um ein Augenblicksphänomen, sondern vielmehr – ungeachtet vielfältiger Schwankungen – um einen trendförmigen Prozess handelt, der sich mit zunehmender Dauer zunehmend verfestigte.

Abb. 1: Wandel der Erziehungsziele in der deutschen Bevölkerung 1951–2001

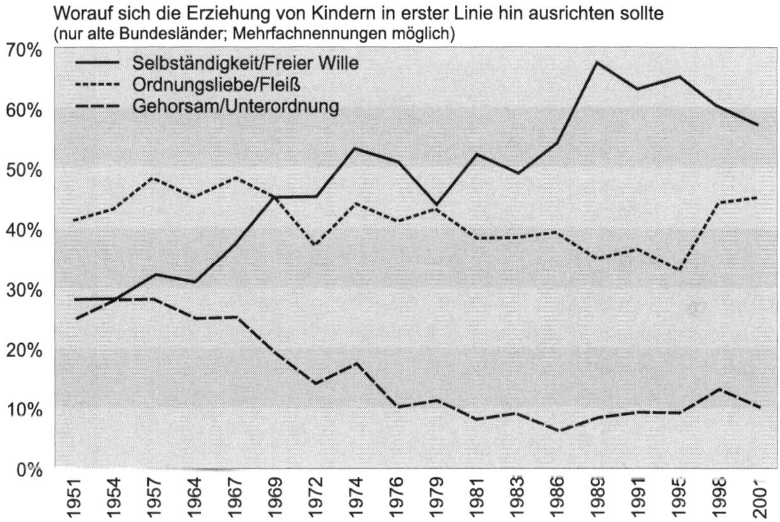

Quelle: EMNID-Institut

Drittens lassen sich aus dem Schaubild weitgehende Schlüsse auf die Richtung ablesen, die der Wertewandel in Deutschland – in Übereinstimmung mit einer Vielzahl von anderen Ländern eingeschlagen hat. Aus der Graphik ist insbesondere eine dramatische Scherenbewegung im Verhältnis zwischen der tendenziell an Boden verlierenden Wertegruppe „Gehorsam und Unterordnung“ und der drastisch an Boden gewinnenden Wertegruppe „Selbständigkeit und freier Wille“ abzulesen, die eine verhältnismäßig breite Gruppe von Selbstentfaltungswerten repräsentiert. Die Richtung des Wertewandels wird insbesondere durch die Zunahme dieser letzten Wertegruppe demonstriert. Was die damit verbundene „stille Revolution“ (vgl. Inglehart 1977) für die innere Disposition der Menschen zur Bewältigung der an sie gestellten Herausforderungen des Wandels bedeutet, ist klar. Die immer eindeutiger und stärker werdende Hochschätzung des Erziehungswerts „Selbständigkeit und freier Wille“ signalisiert eine – keinesfalls selbstverständliche – positive mentale Reaktion der Menschen auf zentrale Aspekte dieser Herausforderungen.

Eine gängige Formel zur Kennzeichnung der Gesamttendenz dieses Vorgangs lautet, dass ein Wandel von „Unterordnungs- und Fügsamkeitswerten“ zu „Selbstentfaltungswerten“ stattgefunden hat bzw. stattfindet (Klages 2002, S. 31). Kurz gesagt handelt es sich hierbei um einen Wandel, der offenbar naheliegend und eigentlich unumgänglich ist, wenn die Menschen sich unter den Bedingungen einer hochdynamisch und komplex werdenden Welt zurechtfinden sollen, in der sie sehr weitgehend auf individuelle Orientierungs-, Zielfindungs- und Selbsterhaltungsleistungen angewiesen sind. Gäbe es den Wertewandel nicht, der die Menschen mental auf die Lebensbedingungen einer „modernen“ Gesellschaft einpegelt und somit eine „subjektive Modernisierung“ (vgl. Hradil 1992, S. 3ff.) leistet, dann müsste mit einer massenhaften Orientierungsnot, wie auch mit einer überbordenden Fülle pathogener psychischer Problemlagen (Angst, Frustration, Stress, Depression, Gefühle der Ohnmacht und Sinnlosigkeit) gerechnet werden und ein geordnetes Zusammenleben wäre kaum mehr möglich. Die Modernisierungsbewegung würde dann auf einen zunehmend „veraltenden“ Menschen treffen und ihn überrollen und letztlich vernichten.

Der Wertewandel, der eine grundsätzlich veränderte Positionierung der Menschen zur Welt mit sich bringt, bringt nun aber einschneidende Folgen in allen wesentlichen Bereichen der „Einstellung“ der Menschen gegenüber den konkreten Lebensbezügen mit sich.

Eine wesentliche Voraussetzung für die richtige Erfassung dieses Einstellungswandels ist es, dass die ihm innewohnende *Ambivalenz* erkannt wird. Diese Ambivalenz kommt bereits in der nachfolgenden Zusammenstellung zum Ausdruck, welche die Ergebnisse zahlreicher empirischer Untersuchungen in einer kurzgefassten Übersicht ohne Zahlen wiedergibt:

- Eine verringerte Bereitschaft zur Akzeptanz formal begründeter Autoritätsansprüche („autoritätskritische“ Einstellung);
- ein verstärktes Bedürfnis nach persönlicher Autonomie, nach Unabhängigkeit, nach eigenem Handlungsspielraum;
- ein verstärktes Bedürfnis nach der „Auslebung“ und „Einbringung“ eigener Eigenschaften und Fähigkeiten;
- ein verstärktes Bedürfnis nach Anerkennung als Person;
- ein verstärktes Bedürfnis nach „Teilhabe“ (sozial, zivilisatorisch, politisch, i.e. das Bedürfnis, über Dinge, die einen selbst betreffen, selbst [mit-]entscheiden zu können);
- insgesamt: Ein verstärktes Bedürfnis, Subjekt des eigenen Handelns zu sein.

Wie bereits festgestellt wurde, verbindet sich mit dem Wertewandel von Unterordnungs- und Fügsamkeitswerten zu Selbstentfaltungswerten die Entstehung eines höchst produktiven gesellschaftlichen Entwicklungspotenzials, mit dem sich in der Mentalität der Bevölkerungsmehrheit – ohne dass es hierzu einer organisierten „Umerziehung“ oder psychologischen Konditionierung bedürfte – eine spontane Anpassung an die Bedingungen der veränderten Lebenswelt vollzieht. Abkürzend lässt sich sagen, dass sich in der aktuellen gesellschaftlichen Entwicklungsphase ein starker Schub zur „Massenindividualisierung“ (Elias 2003, S.209ff.) einstellt, der umso stärker wird, je weiter die Modernisierung der Lebenszusammenhänge fortschreitet. Die Menschen werden individualistischer, flexibler und selbstverantwortungsfähiger. Gleichzeitig treten aber auch – und hierin wird die Ambivalenz dieser Entwicklung erkennbar – ältere Bereitschaften zu einer bedingungslosen Loyalität gegenüber Autoritäten zurück. Die Menschen werden autonomiebedürftiger, gleichzeitig auch autoritätskritischer und sehr viel empfindlicher gegenüber der Missachtung ihrer Bedürfnisse nach Selbständigkeit, sozialer Anerkennung und Einbeziehung. Die Menschen wollen dem gesellschaftlichen „Wir“, das vorher den „Etablierten“ vorbehalten war, möglichst vollgültig und unterschiedslos zugerechnet werden.

Diese „positive“ Seite der neuen Erwartungshaltungen schlägt sich in einer außergewöhnlich hohen, die Mehrheit der Bevölkerung mit unterschiedlicher Stärke und Eindeutigkeit erfassenden Bereitschaft zum Engagement und zur aktiven Beteiligung an der Gestaltung der gesellschaftlichen und politischen Lebensbedingungen nieder. Die empirischen Daten sind diesbezüglich ebenso eindeutig wie überzeugend.[2]

Auf der anderen, der „negativen“ Seite, stehen diesem beeindruckend positiven Bild allerdings massive Neigungen der Mehrheit der Menschen zu einem „verdrossenen“ Misstrauen gegenüber den etablierten Autoritäten gegenüber, das besonders starke Ausprägungen bei den Einstellungen gegenüber „den Politikern und den politischen Parteien“ finden. Auch diesbezüglich sind die empirischen Daten ebenso eindeutig wie überzeugend.[3]

2 Aufgrund der weitgehend übereinstimmenden Ergebnisse verschiedener Umfragen, die in den letzten Jahren durchgeführt wurden, wünschen durchschnittlich sieben bis acht von zehn Befragten eine Beteiligung der Bürger an wichtigen lokalen Entscheidungen und halten sich grundsätzlich selbst hierfür bereit (vgl. z.B. Bertelsmann Stiftung 2009, S. 91ff.)

3 Symptomatisch für die Verdrossenheitshaltung in der Bevölkerung ist ein Ergebnis einer deutschlandweiten Umfrage der Bertelsmann Stiftung aus dem Jahr 2008, dem zufolge ca. zwei Drittel der Befragten dem provokativen Statement

Ungeachtet des zerklüfteten Eindrucks, der sich auf den ersten Blick betrachtet hinsichtlich der empirischen Datenlage ergibt, ist es von entscheidender Bedeutung, die unmittelbare Zusammengehörigkeit der einander scheinbar widersprechenden Seiten im Einstellungshaushalt der Bevölkerung zu erkennen, die in Wahrheit „zwei Seiten einer Medaille" sind: Der Wertewandel erzeugt ein anwachsendes Bedürfnis, mitzudenken, mit zu entscheiden und da, wo dies möglich ist, auch mit „anzupacken". Die vorstehend dargestellten Neigungen der regierenden Eliten zum Festhalten an den ursprünglichen Entstehungsbedingungen der Demokratie, bei denen eine Politik- und Demokratieunfähigkeit der Bevölkerungsmehrheit unterstellt werden konnte, wie auch die zwischenzeitlichen Entwicklungen in Richtung einer zunehmenden Abkapselung der politischen Entscheidungszentren von der Bevölkerung lassen dieses Bedürfnis allerdings weitgehend leerlaufen.

Gerade in den stark von Beteiligungsinteressen geprägten Teilen der Bevölkerung, die durchschnittlich eine höheren Bildungsgrad besitzen und anspruchsvollere Berufstätigkeiten ausüben, entsteht angesichts dessen eine Frustrationstendenz, die sich unter dem Einfluss der durch Vermutungen, Gerüchte, Mediendarstellungen etc. gesteigerten Erfahrung kontrastierender Interessen und Handlungsorientierungen im politischen Bereich zur Entstehung einer kritischen und mit Ablehnungsneigungen verbundenen Misstrauensneigung verdichtet.

Die sich hieran anschließenden – gewissermaßen sekundären – Folgen lassen sich schlagwortartig wie folgt charakterisieren:

- weitgehende Nichtbeachtung gelegentlicher Beteiligungsangebote, die – zu Recht oder zu Unrecht – verdächtigt werden, Placebo-Angebote politischer „Spielwiesen" zu sein;
- Begünstigung von Neigungen zu emotional aufgeladenen Empörungsreaktionen (man könnte hier von einem Stuttgart-21-Effekt sprechen);
- Ausbreitung einer politischen Apathie (oder „Verdrossenheit") als Normaldisposition mit Neigungen zum „system blame", d.h. zum Nörgeln, zu Verdächtigungen aller Art, zum Zynismus bezüglich der Motive der „Herrschenden", die sich z.B. in abnehmender Wahlbetei-

„Die Politiker kümmern sich nicht viel darum, was Leute wie ich denken", zustimmten (Bertelsmann Stiftung 2009, S. 75ff.). Eine aussagekräftige Ergänzung dieses Ergebnisses stellt das Ergebnis einer Befragung in einer deutschen Großstadt im Jahr 2008/2009 dar, demzufolge nur sechs Prozent der Befragten mit den Möglichkeiten ihrer Einflussnahme auf die Entwicklungen in ihrer Stadt zufrieden waren (vgl. Klages/Masser 2010, S. 79).

ligung und sinkender Mitgliedschaft in den politischen Parteien niederschlägt;

- bei alledem: Aufrechterhaltung einer grundsätzlichen Demokratiebejahung, die aber etwas Idealistisches, über die als schlecht angesehenen „real existierenden" Demokratie-Verhältnisse Hinausweisendes annimmt und letztlich zum zentralen Hintergrund der Negativbewertung dieser Verhältnisse werden kann.

2.3 Folgen konträrer Trends bei den politisch-administrativen Eliten

Es kann davon ausgegangen werden, dass es zur Überwindung dieser Situation einer von latenten Spannungen und Explosionsgefahren gekennzeichneten „Zuschauerdemokratie" dringlich grundsätzlicher Reformbereitschaften der entscheidungsberechtigten Eliten und massiver Bemühungen um das Aufgreifen, die Freisetzung und Nutzung der unter der Oberfläche scheinbarer Apathie und Interesselosigkeit schlummernden Beteiligungsbereitschaften und Politikinteressen in der Bevölkerung bedarf. Im Zentrum dieser Bereitschaften und Bemühungen sollte eigentlich die elementare Einsicht stehen, dass sich die Menschen seit der Frühzeit der Demokratie substanziell gewandelt haben und dass es gilt, diesem Wandel Rechnung zu tragen.

Genau hier wird allerdings ein Punkt erreicht, an welchem es unvermeidlich wird, sich der aktuellen Sicht der Dinge aus der Perspektive der politisch-administrativen Eliten selbst zuzuwenden, bei welcher eine Reihe von Bremskräften eine Rolle spielen, die eine problemlose Einsicht in die eigentlich bestehenden Notwendigkeiten und ein entsprechendes Handeln erschweren, wenn nicht verhindern.

Pauschal gesagt breitet sich unter dem Eindruck der alltäglich beobachtbaren Apathie und mangelnden Resonanzbereitschaft der Bevölkerung gegenüber gelegentlichen Beteiligungsangeboten bei großen Teilen der politisch-administrativen Eliten der Eindruck aus, die Bevölkerungsmehrheit sei an Themen mit Gemeinwohlbezug aufgrund einer nach wie vor bestehenden und unter Umständen sogar zunehmenden unpolitisch-privategoistischen Grundeinstellung uninteressiert.

Im Hintergrund dessen trauern die politischen Eliten den ehemaligen „Stammwählern" mit einer hohen und verlässlichen Parteiidentifikation nach, die sich häufig von den Eltern auf die Kinder vererbte. Sie fühlen sich von den zunehmend überhand nehmenden „Wechselwählern", die der Politik eine wache und kritische Aufmerksamkeit zuwenden, belästigt, überfordert, missverstanden und ungerechtfertigter Weise infrage gestellt. Trotzdem die Politik den Wechselwählern sehr viel Information, Überzeugungsarbeit und Dialogbereitschaft abfordert, halten sie sich nichtsdestoweniger vor, die Partei, die sie wählen, von einer Wahl zur anderen zu wechseln. Sie entwickeln keine langfristig wirksame Dankbarkeit für frühere Leistungen der Politik (in der Sprache der Politikwissenschaft ausgedrückt: keine Bereitschaft zur Gewährung von sogenanntem „diffuse support" (vgl. Easton 1965, S. 267ff.). Man spricht von einer „Stimmungsdemokratie" und meint damit unzuverlässiger und unberechenbarer werdende Wähler, die in ihrem politischen Alltagsverhalten irrational anmutenden Augenblicksneigungen folgen, die zwar auf der einen Seite, wie es scheint, keine Bereitschaft entwickeln, das schwierige Geschäft der Politik mit der nötigen konzentrierten Aufmerksamkeit zu verfolgen. Sie sind auf der anderen Seite aber auch nicht dazu bereit, dieses Geschäft vertrauensvoll in die Hände der Politiker zu legen (vgl. Klages 1993, S. 52ff.).

In dieses negative Deutungsschema wird auch das von der empirischen Sozialforschung festgestellte, mit dem Wertewandel angewachsene politische Interesse der Bevölkerung einbezogen. Man missversteht dieses Interesse vielfach als eine wachsende Neigung zur Unzufriedenheit und zu einer Aufmüpfigkeit, die sich einer mit hoher Akzeptanzbereitschaft verbundenen „staatsbürgerlichen Verantwortung" entzieht, wie sie von der traditionellen Demokratietheorie hochgehalten wird. Letzten Endes fließen alle diese Einzelwahrnehmungen in der verbreiteten Vorstellung eines angeblichen „Werte*verfalls*" (nicht also Werte*wandels*) zusammen, die eine probate Möglichkeit anzubieten scheint, all das Negative, das man alltäglich wahrzunehmen glaubt, auf einen übergreifenden Verständnis- und Bewertungsnenner zu bringen (vgl. Klages 2002, S. 18ff.).

2.4 Problemdiagnose: Der „Teufelskreis" des gegenseitigen Misstrauens

Zusammenfassend gesagt lassen sich heute zwei konträr aufeinander bezogene Misstrauenssachverhalte feststellen, nämlich einerseits das auf die politischen Eliten zielende Misstrauen großer Teile der Bevölkerung und andererseits das umgekehrt auf die Bevölkerung zielende Misstrauen großer Teile der politischen Eliten (vgl. Abbildung 2).

Das Gegeneinanderlaufen der beiden konträren Trends hat jedoch inzwischen weitgehend den Charakter eines eigenständigen, seine Dynamik aus sich selbst erzeugenden Rückkopplungszusammenhangs eines gegenseitigen Misstrauens angenommen. Der Rückkoppelungszusammenhang entnimmt seine Bestätigungen aus der laufenden Alltagserfahrung, aber auch aus zusätzlich verstärkend wirkenden Kommentaren von „Zeitdeutern“ und „Reportern“ und lässt sich als eine sich aufschaukelnde Spirale gegenseitigen Misstrauens beschreiben, deren Dynamik durch ineinander verhakte „self-fulfilling prophecies“ angeheizt wird.

Abb. 2: Das gegenseitige Misstrauen zwischen Bürgerschaft und Verwaltung bzw. Politik

Eigene Darstellung

Die eingangs als ein „universaler“ Trend angesprochene Kluft zwischen der Bevölkerung und der Politik enthüllt, so betrachtet, die Eigenschaft, nicht nur ein beobachtbarer Problemsachverhalt mit feststehenden Eigenschaften, sondern vielmehr etwas Anwachsendes und gewissermaßen Auswucherndes zu sein, d.h. also ein epidemisches Krankheitsphänomen, das die Gesellschaft von innen her befallen hat und das sie aushöhlen und möglicherweise zerstören kann, wenn ihm nicht Einhalt geboten wird.

Es dürfte kaum eine Übertreibung sein, wenn wir dieses Phänomen als einen Teufelskreis“ mit Steigerungstendenz bezeichnen und davon ausgehen, dass die Überwindung dieses Teufelskreises im *Zentrum der Bemühungen* um die anstehende Demokratiereform stehen sollte.

3 Systematisierung und Verstetigung lokaler Bürgerbeteiligung als Lösungsansatz

3.1 Schwerpunktsetzung 1: Beteiligung auf kommunaler Ebene

Gegenüber den eingangs erwähnten verschiedenartigen Ansätzen zur Reform und Weiterentwicklung der gegenwärtigen Demokratie rücken wir nachfolgend die Erweiterung der Partizipationsmöglichkeiten der Bürger/innen in den Mittelpunkt unserer Ausführungen, was angesichts der aktuellen Diskussion über mehr Bürgerbeteiligung kaum mehr einer speziellen Rechtfertigung bedarf.

Anders verhält es sich mit unserer Entscheidung, uns nachfolgend schwerpunktmäßig mit der kommunalen Ebene zu befassen. Für die Rechtfertigung dieser Entscheidung bieten sich eine Reihe naheliegender Argumente an.

3.1.1 Theoretische Argumente zur Notwendigkeit von mehr lokaler Bürgerbeteiligung

Der Gedanke, dass gerade die lokale Politik zu einer „Stärkung" oder „Erneuerung" der Demokratie beitragen kann, hat Tradition. Er taucht in Variationen spätestens seit der Mitte des 19. Jahrhunderts in der Literatur auf: Die lokale Politik sei eine wesentliche Sozialisationsinstanz demokratischer Einstellungs- und Verhaltensweise, argumentierten bereits Alexis de Tocqueville und John Stuart Mill oder, im 20. Jahrhundert, Theodor Heuß: In der Kommune können die Bürger, so wird übereinstimmend erklärt, lernen, Verantwortung für die Gemeinschaft zu übernehmen. Damit würde der Grundstein für ein demokratisches, von der Bürgerschaft ausgehendes Gemeinwesen gelegt (vgl. Tocqueville 1985, Mill 1971, S. 226f. und Heuß 1921). Ähnliche Überlegungen finden sich in der kommunitaristischen Demokratietheorie (vgl. Bellah u.a. 1987; Etzioni 1995). Deren Positionen können zwar durchaus kritisch diskutiert werden. Ähnliche Überlegungen finden sich jedoch auch bei Demokratietheoretikern wie Robert A. Dahl. Stabile Demokratien brauchen Dahl zufolge Bürger mit politischem Selbstvertrauen (vgl. Dahl 1967, S. 953ff.; Dahl 1992, S. 45ff.). Dieses ist jedoch selbst in etablierten westlichen Demokratien nur schwach entwickelt. Diese politische Kompetenzschwäche dürfte durch die Internationalisierung von Politik verstärkt werden, da Kontakte mit Entscheidungsträgern in supranationalen Institutionen noch seltener sind und die Transparenz demokratischer Entscheidungsprozesse durch die Notwendigkeit Interessen vermittelnder Zwischenstrukturen nahezu unmöglich wird. Vor diesem Hintergrund sieht Robert A. Dahl die Bedeutung der lokalen Politik für die Weiterentwicklung der Demokratie: Unter der Bedingung, dass die Politik auf lokaler Ebene tatsächlich das Verständnis von und das Vertrauen in demokratischen Entscheidungsprozesse stärkt, können Kommunen eine stabilisierende Wirkung im Hinblick auf die Legitimität zunehmend transnationaler demokratischer Strukturen und Prozesse entfalten. Diese Überlegungen zusammenfassend bezieht sich die Idee einer „Erneuerung der Demokratie von unten“ primär auf die Einstellungen der Bürger gegenüber der Demokratie. In Folge „besserer“ oder „besser nachvollziehbarer“ demokratischer Willensbildungs- und Entscheidungsprozesse in den Kommunen kann – so die Annahme – die politischer Kultur der Demokratie gestärkt und ihre Legitimität verbessert werden.

3.1.2 Empirische Befunde zur Rolle der lokalen Politik in den Augen der Bürger

Wenn auf der lokalen Ebene ein Demokratiepotenzial liegt, das über die lokalen Grenzen hinaus wirksam werden soll, dann sollte die lokale Ebene in den Augen der Bürgerschaft zumindest ansatzweise auch eine für ihr Alltagsleben nennenswerte Rolle spielen in dem zunehmend komplexer werdenden politischen Mehrebenensystem. Nur dann scheint es plausibel, dass Bürgerinnen und Bürger Beteiligungsangebote auf der lokalen Ebene ernst nehmen und sie mit allgemeineren demokratischen Prozessen – auch auf höheren Systemebenen – in Verbindung bringen.

Dass dem so ist, zeigt unter anderem eine Eurobarometer-Umfrage aus dem Jahr 2008 (vgl. Tab. 1). Auf die Frage, ob ihrer Meinung nach die Behörden der europäischen, der nationalen oder der lokalen bzw. regionalen Ebene den größten Einfluss auf ihr Leben haben, sehen die Befragten in den meisten Staaten (oder Teilstaaten) den größten Einfluss von der nationalen Ebene ausgehen. Dies verwundert nicht. Erstaunlich ist in diesem Zusammenhang vielmehr, dass im Durchschnitt dennoch 35 Prozent aller Befragten den größten Einfluss auf die eigenen Lebensbedingungen von den lokalen bzw. regionalen Behörden ausgehen sehen.

Tab. 1: Einfluss von Behörden verschiedener politischer Ebenen auf die eigenen Lebensbedingungen, 2008

Fragestellung: „Welche der verschiedenen Ebenen öffentlicher Behörden hat Ihrer Meinung nach den größten Einfluss auf Ihre Lebensbedingungen? Die europäische Ebene, die nationale Ebene oder die regionale oder lokale Ebene?" (nur eine Nennung möglich)

	größter Einfluss von regionalen oder lokalen Behörden	größter Einfluss von nationalen Behörden	größter Einfluss von europäischen Behörden	weiß nicht	N
		in % aller Befragten			
Tschechische Rep.	47,2	31,8	15,2	5,8	1027
Estland	46,2	43,3	2,7	7,8	1001
Finnland	45,8	44,8	4,6	4,8	1004
Schweden	45,4	48,1	2,4	4,1	1002
Deutschland-O	44,7	42,9	6,3	6,1	510
Großbritannien	44,3	37,0	5,8	12,9	1007
Spanien	42,2	38,6	9,5	9,7	1000
Österreich	41,9	41,9	10,5	5,7	1003
Polen	41,8	42,1	5,4	10,7	1000
Slowakei	41,5	32,7	17,3	8,5	1006
Nord-Irland	40,1	34,4	6,3	19,2	302
Rumänien	40,1	31,7	8,9	19,3	1053
Bulgarien	38,6	41,7	4,3	15,4	1006
Italien	37,6	29,2	16,7	16,5	1061
Belgien	36,0	49,5	12,0	2,6	1003
Ungarn	35,9	51,0	4,8	8,3	1003
Irland	34,4	45,1	7,5	13,0	1000
Deutschland-W	33,8	46,9	7,7	11,7	1016
Slowenien	33,8	54,2	7,4	4,7	1006
Lettland	33,3	51,2	7,0	7,7	1001
Frankreich	33,3	56,0	6,9	3,8	1027
Niederlande	28,4	61,1	5,5	5,0	1041
Dänemark	26,0	65,8	4,1	4,1	1029
Litauen	25,0	56,0	7,6	11,4	1011
Griechenland	23,6	52,6	22,9	0,9	1000
Zypern (Rep.)	23,1	49,5	19,7	7,7	503
Portugal	16,4	45,4	17,5	20,7	1000
Luxemburg	13,6	65,2	14,2	7,0	500
Malta	11,8	62,0	11,2	15,0	500
Gesamt %	35,4	46,3	9,2	9,1	
N	9.425	12.320	2.454	2.422	

Quelle: Eurobarometer 70.1 (ZA-Nr. 4819); eigene Berechnungen mit gewichteten Daten (weight result from target)

3.1.3 Empirische Befunde zum Vertrauen in die lokale Ebene

Ein weiteres Argument, mit dem wir unseren Ansatz rechtfertigen wollen, Bürgerbeteiligung auf der lokalen Ebene zu stärken, hängt mit der Nähe zwischen den Regierenden und den Regierten, der geringeren Komplexität und dem damit verbunden besseren Verständnis lokaler Willensbildungs- und Entscheidungsprozesse zusammen. Diese Faktoren sollen – so die allgemeine Annahme – eine positive sozial-kulturelle Grundlage schaffen für ein Verhältnis zwischen Bürgerinnen, Bürgern und lokaler Politik, in dem Bürgerbeteiligung intensiviert und systematisch zum Aufbau von Vertrauen genutzt werden kann.

Einstellungen zur lokalen Politik – ebenso wie von Politik im Allgemeinen – können unterschiedliche politische Objekte als Bezugspunkt haben. Ein Konzept, das in der politischen Soziologie häufig zur Messung der Unterstützung von Demokratie eingesetzt wird, ist das Vertrauen in die jeweiligen politischen Institutionen (vgl. auch Gabriel 2008, S. 194ff.). Eine im Frühjahr 2008 durchgeführte Umfrage für Deutschland zeigt, dass die lokale Politik von den Bürgern in vielen Bereichen positiver bewertet wird als die Politik auf höheren Systemebenen. So ist das Gefühl der Bürger, politischen Einfluss ausüben zu können, vor Ort deutlich stärker entwickelt als bezüglich der nationalen oder europäischen Politik. Gleichzeitig sind sie mit dem Funktionieren der Demokratie in der jeweiligen Stadt/Gemeinde zufriedener als mit dem Funktionieren der Demokratie in Deutschland oder in Europa. Und schließlich fällt ihr Vertrauen gegenüber den politischen Akteuren und Institutionen vor Ort positiver aus als das Vertrauen gegenüber Akteuren und Institutionen in der nationalen oder europäischen Politik (vgl. Vetter 2010, S. 119ff.).[1]

Ähnliche Ergebnisse liefert eine Studie der Europäischen Kommission aus dem Herbst desselben Jahres (vgl. Tab. 2), bei der es um das Vertrauen in Behörden und Institutionen auf verschiedenen Systemebenen geht. Auch hier vertrauen die Deutschen – in Ost- wie in Westdeutschland – den Institutionen auf lokaler und regionaler Ebene – bei insgesamt niedrigen Niveaus – am stärksten. Dies gilt ebenso in acht weiteren Staaten (oder Teilstaaten) Nord- und Westeuropas, in denen das Vertrauen in die lokalen und regionalen Behörden stärker ist als dasjenige in nationale oder europäische Institutionen. Demgegenüber überwiegt in 17, vor allem neue-

---

1 Die Daten stammen aus einer repräsentative Bevölkerungsumfrage, die von Infratest Dimap im Januar 2008 im Auftrag der Freiherr vom Stein Akademie und des Instituts für Sozialwissenschaften der Universität Stuttgart durchgeführt wurde (N = 1000).

Tab. 2: Vertrauen in lokale/regionale, nationale und europäische Institutionen, 2008

Fragewortlaut: „Ich möchte nun gerne von Ihnen wissen, wie viel Vertrauen Sie in bestimmte Institutionen haben. Sagen Sie mir bitte für jede der folgenden Institutionen, ob Sie ihr eher vertrauen oder eher nicht vertrauen. Wie ist es mit ... [den jeweiligen lokalen und regionalen Behörden]? ...der [jeweiligen nationalen Regierung]? ...dem [jeweiligen nationalen Parlament]? ... der Europäischen Union? Die Antwort „vertraue eher" wurde zu 1, die Antwort „vertraue eher nicht" zu –1 codiert. Die Antworten „weiß nicht" und „keine Antwort" wurden zu 0 codiert.

	Vertrauen in lokale u. regionale Behörden	Vertrauen in die nationale Regierung	Vertrauen in die EU	N
	Mittelwerte zwischen –1 („vertraue eher nicht") und 1 („vertraue eher")			
Finnland	0,46	0,38	0,03	1000
Dänemark	0,43	0,22	0,25	1000
Schweden	0,41	0,16	0,09	1053
Österreich	0,40	0,08	–0,07	1041
Deutschland-W	0,38	–0,04	0,02	1007
Niederlande	0,31	0,35	0,37	1000
Frankreich	0,30	–0,34	0,00	1006
Belgien	0,28	–0,27	0,24	1006
Luxemburg	0,28	0,29	0,08	1027
Malta	0,27	0,13	0,36	503
Estland	0,23	0,00	0,47	1000
Zypern (Rep.)	0,20	0,35	0,28	1002
Deutschland-O	0,20	–0,33	–0,16	500
Spanien	0,06	–0,04	0,23	1029
Tschechische Rep.	0,01	–0,58	0,24	1006
Großbritannien	0,00	–0,37	–0,32	1002
Ungarn	0,00	–0,58	0,15	1002
Lettland	0,04	–0,02	0,04	1011
Slowakei	–0,05	–0,04	0,46	1026
Portugal	–0,06	–0,30	0,15	1016
Irland	–0,10	–0,28	0,16	1003
Polen	–0,10	–0,55	0,27	1061
Rumänien	–0,16	–0,44	0,38	510
Slowenien	–0,18	–0,22	0,27	1002
Nord-Irland	–0,24	–0,46	–0,29	500
Bulgarien	–0,26	–0,60	0,37	301
Litauen	–0,28	–0,60	0,28	1000
Griechenland	–0,32	–0,54	0,15	1000
Italien	–0,41	–0,41	–0,06	1004

Quelle: Eurobarometer 70.1 (Herbst 2008); eigene Berechnungen mit gewichteten Daten (weight result from target)

≡ Tab. 3: Zusammenhänge zwischen Einstellungen zu verschiedenen Systemebenen, 2008

Fragewortlaut: „Ich möchte nun gerne von Ihnen wissen, wie viel Vertrauen Sie in bestimmte Institutionen haben. Sagen Sie mir bitte für jede der folgenden Institutionen, ob Sie ihr eher vertrauen oder eher nicht vertrauen. Wie ist es mit ... [den jeweiligen lokalen und regionalen Behörden]? ...der [jeweiligen nationalen Regierung]? ...dem [jeweiligen nationalen Parlament]? ... der Europäischen Union?

	Zusammenhang des Vertrauens		
	zu lokalen/regionalen ↔ zu nationalen Behörden	zu lokalen/regionalen ↔ zu europäischen Behörden	N
	Zusammenhangsmaß: Pearson's R		
Finnland	0,41	0,29	1000
Dänemark	0,26	0,32	1000
Schweden	0,31	0,21	1053
Österreich	0,48	0,36	1041
Deutschland-W	0,37	0,38	1007
Niederlande	0,32	0,28	1000
Frankreich	0,29	0,33	1006
Belgien	0,35	0,34	1006
Luxemburg	0,45	0,41	1027
Malta	0,40	0,35	503
Estland	0,34	0,35	1000
Zypern (Rep.)	0,52	0,30	1002
Deutschland-O	0,41	0,39	500
Spanien	0,53	0,43	1029
Tschechische Rep.	0,30	0,31	1006
Großbritannien	0,36	0,31	1002
Ungarn	0,37	0,36	1002
Lettland	0,28	0,25	1011
Slowakei	0,39	0,25	1026
Portugal	0,50	0,47	1016
Irland	0,51	0,42	1003
Polen	0,26	0,30	1061
Rumänien	0,40	0,33	510
Slowenien	0,45	0,34	1002
Nord-Irland	0,41	0,41	500
Bulgarien	0,30	0,25	301
Litauen	0,40	0,28	1000
Griechenland	0,35	0,31	1000
Italien	0,58	0,47	1004

Quelle: Eurobarometer 70.1 (Herbst 2008); eigene Berechnungen mit gewichteten Daten (weight result from target)

ren Mitgliedsstaaten in Süd-, Mittel- und Osteuropa, das Vertrauen in die europäischen Institutionen. Allerdings gilt durchweg, dass die subnationalen Behörden in nahezu allen EU-Mitgliedsstaaten ein stärkeres Vertrauen genießen als die jeweiligen nationalen Regierungen. Das heißt, tatsächlich scheinen gerade im lokalen Umfeld die sozial-kulturellen Bedingungen für eine Vertrauen generierende Zusammenarbeit zwischen Bürgern einerseits und den politisch-administrativen Eliten andererseits günstig.

3.1.4 Empirische Befunde zum Zusammenhang politischer Einstellungen

Das letzte Argument, mit dem wir unseren Ansatz rechtfertigen wollen ist, dass lokale Sozialisationserfahrungen auch auf überlokale Systemebenen „abfärben" können, wenn lokale, nationale und europäische Einstellungen in den individuellen Orientierungssystemen der Menschen miteinander in Verbindung stehen bzw. zusammenhängen. Unter dieser Bedingung können sich vor Ort gesammelte positive Erfahrungen mit demokratischen Prozessen theoretisch auch in den Bewertungen anderer Systemebenen niederschlagen und dort zu einer positiveren Sichtweise von Politik und Demokratie beitragen.

Tatsächlich zeigen Umfragedaten, dass die Zusammenhänge zwischen dem Vertrauen, das die Menschen Institutionen auf verschiedenen Systemebenen entgegen bringen, ausnahmslos positiv sind (vgl. Tab. 3). Das heißt, je positiver das Vertrauen eines Befragten gegenüber den lokalen/regionalen Politik ist, umso positiver ist auch das Vertrauen in die nationale oder die europäische Politik, was wiederum den Schluss nahelegt, dass die lokale Politik das Potenzial besitzt, über ihre Grenzen hinaus die Einstellungen der Bürger gegenüber der Politik, aber auch gegenüber der Demokratie insgesamt zu stärken.

3.1.5 Kritische Gegenargumente

Ob von „unten" tatsächlich eine „Erneuerung der Politik" erwartet werden kann, wird in der Wissenschaft allerdings auch skeptisch beurteilt: Entsprechende Forderungen seien, nach der Auffassung von Kritikern, „romantische Vorstellungen umfassender Selbst- und Mitbestimmung" (Hesse 1986, S. 24). Zu stark vereinfachend würden sie der Komplexität heutiger Politik nicht gerecht. Sie übersähen die föderalstaatliche Arbeitsteilung im politischen Entscheidungs- und Steuerungsprozess sowie die damit zusammenhängende Verflechtung wohlfahrtsstaatlicher Willensbildungs-, Steuerungs- und Führungsprozesse. Skepsis sei auch angebracht hinsichtlich überhöhter Erwartungen an direktdemokratische Mitwirkungsmöglichkeiten. Sie eröffneten zwar einzelnen Interessen einen stärkeren Einfluss auf die lokalen Entscheidungsprozesse. Gleichzeitig aber würden kritische Aspekte in einer meist oberflächlich geführten Debatte verdeckt (vgl. Naßmacher 1997, S. 445ff.). Selbst die Herausbildung neuer Parteien vor Ort, die dann allmählich in die Bundespolitik hineinwachsen, wird eher als Ausnahme denn als möglicher Weg einer „Erneuerung der Politik von unten" gesehen (vgl. Naßmacher 2001,S. 3ff.). Lediglich bezüglich der Rückgewinnung von Vertrauen in die Institutionen staatlichen Handelns wird der lokalen Politik auch von entsprechenden Kritikern ein Erneuerungspotenzial zugeschrieben, wenn sich eine „*Politik* der örtlichen Nähe ... der dezentral zu erbringenden Integrations- und Innovationsleistungen erinnert, ohne dabei den Steuerungsbedarf komplexer Gesellschaften" zu vergessen (vgl. Hesse 1986, S. 25).

3.1.6 Zusammenfassung: Gerade lokale Beteiligungspotenziale sind zu nutzen

Die sozial-kulturellen Grundlagen für die Chance einer Erneuerung der Demokratie von unten sind – wie die empirischen Befunde zuvor gezeigt haben – durchaus vorhanden. Und es ist vor allem die kommunale Ebene, die für eine *Nutzung* dieser Chancen unseres Erachtens in Frage kommt, um die in vielen Analysen sichtbar werdende Kluft zwischen ungenutztem Beteiligungspotenzial und faktischer Beteiligung zu schließen. Hierfür spricht auch,

- dass Bürgerbeteiligung – ungeachtet der Bedeutung, die sie auch für große Investitionsvorhaben auf der Ebene von Regionen und Ländern, oder auch auf der länderüberschreitenden Ebene besitzt – schon rein quantitativ gesehen in erster Linie ein kommunales Phänomen ist;
- dass für die Bürger und Bürgerinnen selbst – ungeachtet der Grundsatzfrage nach ihrer „Systemrelevanz" – solche politischen Entscheidungsfragen von Bedeutung sind, welche die Entwicklung und Gestaltung ihrer unmittelbaren Lebensumwelt betreffen;
- dass sich für die Überwindung des vorstehend charakterisierten „Teufelskreises" auf der kommunalen Ebene – ungeachtet aller auch hier wirksamen Entfremdungen – aufgrund der hier vorhandenen Bedingungen relativer räumlicher und sozialer Nähe von Eliten und Bürgern mehr konkrete Ansatzpunkte anbieten als auf den höheren Ebenen des politischen „Mehrebenensystems" bis zur europäischen

Ebene hin. Hierzu trägt auch bei, dass die kommunalen Mandatsträger ehrenamtlich tätig sind und somit selbst zumindest noch mit einem Bein im „bürgerlichen" Leben stehen.

Wir halten es zwar für wichtig, uns nicht einer romantisierenden Vorstellung einer „heilen" kommunalen Welt hinzugeben. Die problematischen politischen und gesellschaftlichen Rahmenbedingungen, die wir vorstehend in einem relativ schnellen Durchlauf skizziert haben, schlagen durchaus auch auf die kommunale Ebene durch. Hierzu trägt bei, dass die Menschen, wie wir aus einschlägigen empirischen Erhebungen wissen, die Unterschiede zwischen der kommunalen und der staatlichen Verwaltung in der Regel nicht genau kennen. Außerdem sind die Kontakte mit den gewählten kommunalen Mandatsträgern durchschnittlich viel geringer als man aufgrund ihrer räumlichen und sozialen Nähe annehmen sollte. Auf dem Hintergrund der inzwischen überall stattfindenden Direktwahl der (Ober-)Bürgermeister ist es bisher vielfach ausschließlich diese Amtsperson, die den Bürgern als politische „Vollblutgestalt" plastisch und griffig, mit persönlichen Eigenschaften ausgestattet, vor Augen steht (vgl. Vetter 1997, S. 25ff.; Bertelsmann Stiftung et al. 2008).

Nichtsdestoweniger sehen wir auf der kommunalen Ebene ein beträchtliches *Potenzial* zu einer Durchbrechung des „Teufelskreises". Darüber hinaus halten wir die *Chance* für gegeben, dass sich Erfolge der Demokratieentwicklung auf der kommunalen Ebene nicht nur auf dieser Ebene, sondern auch auf übergeordneten Systemebenen positiv auswirken können, sodass sich die Bürgerbeteiligung auf kommunaler Ebene geradezu als ein *„Rettungsanker der Demokratie"* verstehen lassen kann (vgl. Vetter 2011). Von daher lässt sich argumentieren, dass eine herausgehobene Beschäftigung mit dem lokalen Bereich gerade unter den gegenwärtigen Entwicklungs- und Veränderungsbedingungen politischer, sozioökonomischer und gesellschaftlicher Natur sinnvoll und richtig ist.

Um es zusammenfassend zu sagen: Die kommunale Ebene ist – was angesichts der Unmittelbarkeit, mit der Politik hier erfahren werden kann, nicht überraschen sollte – die Ebene, auf welcher die mündig werdenden Bürgerinnen und Bürger gegenwärtig mit besonderer Ungeduld an die Pforten der Politik pochen. Und gerade hier sollten sich die deutlichsten Erfolge im Hinblick auf eine „Vitalisierung der Demokratie" erzielen lassen. Durch die Entfesselung des hier aufgestauten Beteiligungspotenzials ergibt sich die Chance, dass nicht nur die kommunale Ebene selbst, sondern das gesamte Mehrebenensystem unserer Demokratie einen Entwicklungsschub erfährt.

3.2 Schwerpunktsetzung 2: „Realistische“ Bürgerbeteiligung

Wenn wir im nachfolgenden Text bei der Kennzeichnung unserer Position verschiedentlich von „realistischer“ Bürgerbeteiligung sprechen, dann lassen wir uns von einer *Abgrenzung nach zwei Seiten* leiten.

Einerseits ist damit eine Abgrenzung gegenüber „utopischen“ Konzepten gemeint, welche die faktischen Spielräume des Handelns überziehen und somit grundsätzlich zum Scheitern verurteilt sind. Andererseits ist aber auch eine Abgrenzung gegenüber Konzepten gemeint, welche – wissentlich oder unwissentlich – die faktischen Spielräume des Handelns nicht oder nur scheinbar ausschöpfen, und den Bürgerinnen und Bürger die für sie vorhandenen Beteiligungsmöglichkeiten de facto vorenthalten. Man mag hier von „fiktiven“ Konzepten, von „Pseudo-Konzepten“ oder auch von „Bürgerbeteiligung light“ sprechen. Der entscheidende Punkt ist, dass wir in der aktuellen Beteiligungslandschaft eine größere Zahl von Ansätzen finden, denen die Ernsthaftigkeit und die erforderliche Nachdrücklichkeit abgehen.

3.2.1 Abgrenzung von utopischen Konzepten

Von „utopischen“ Konzepten wollen wir *erstens* überall da sprechen, wo Bürgerbeteiligungskonzepte – überwiegend unter dem Leitbegriff der *„direkten“ Demokratie* – über diejenigen Handlungsspielräume hinauszielen, welche sich innerhalb des Verfassungsrahmens der „repräsentativen Demokratie“ anbieten. Diese Abgrenzung ist besonders wichtig, weil heute in Verbindung mit einer Hinwendung zur Bürgerbeteiligung sehr häufig – im Sinne eines nicht weiter hinterfragten, oberflächlichen Sprachgebrauchs – von einem Übergang zur direkten Demokratie gesprochen wird, ohne dass die genannte Grenzüberschreitung aber tatsächlich gemeint ist. „Bürgerbeteiligung“ wird dabei fälschlicherweise pauschal mit direkter Demokratie gleichgesetzt, wobei die eigentlich erforderliche Unterscheidung *verschiedenartiger Bedeutungsfelder* dieses Begriffs übersehen und verwischt wird.

Diese Gefahr besteht unseres Erachtens gerade dort, wo die Bejahung der „direkten Demokratie“ durch den Hinweis auf das Beispiel der Schweiz unterbaut wird. Es wird hierbei unterstellt, dass der für die Bundesrepublik Deutschland geltende Verfassungsrahmen einen Übergang zu Schweizer Verhältnissen ohne einschneidende Systemänderungen erlaubt, so dass die Berufung auf die „repräsentative“ Demokratie und die damit verbundene Abgrenzung gegenüber der „direkten“ Demokratie den bestehenden Handlungsspielraum unangemessen einzuschränken scheint. Wenn wir demgegenüber davon ausgehen, dass ein realistisch auf Deutschland bezogenes Konzept der Bürgerbeteiligung notwendiger Weise eine Abgrenzung gegenüber Schweizer Verhältnissen einschließt, dann bedeutet dies, dass wir uns einer solchen Auffassung nicht anschließen wollen (vgl. hierzu auch den Abschnitt 5.9.5).[2]

Bislang fordern vor allem die Vertreter des Vereins „Mehr Demokratie" eine stärkere Nutzung „direkter" Beteiligungsmöglichkeiten in Form von mehr Bürger- und Volksentscheiden.[3] Seit den 1990er Jahren wurden Bürgerbegehren und Bürgerentscheide zwar bundesweit in die Kommunalverfassungen aller Bundesländer aufgenommen. Noch immer ist aber die Nutzung von Bürger- und Volksentscheiden sehr selten, weshalb sich die aktuellen Diskussionen auf die Forderung nach einer deutlichen Senkung der in den Gemeindeordnungen und Länderverfassungen vorgegebenen „Quoren" konzentrieren, um bestehende Restriktionen abzubauen, um damit die Chancen für die Durchführung von Bürger- oder Volksbegehren und -entscheiden zu verbessern und letztlich ihre Zahl möglichst zu vermehren.

Bürger- und Volksentscheiden wird von ihren Befürwortern in der Regel ein befriedendes Potenzial zugeschrieben. Allerdings ist ein Zusammenhang zwischen Bürger- und Volksentscheiden einerseits und dem Abbau der Apathie und Verdrossenheit der Bürger wie auch ihrem Misstrauen gegenüber Politikern und Administratoren bislang nirgendwo eindeutig erkennbar, geschweige denn nachgewiesen. Ein solcher Zusammenhang liegt auch nicht zwangsläufig auf der Hand. (vgl. kritisch hierzu u.a. Kranenpohl 2006). Denn grundsätzlich sind Bürger- und Volksentscheide mit der Zuspitzung gegensätzlicher Positionen und damit mit der Verschärfung vorhandener Konflikte verbunden. Die Anwendung dieser Verfahren führt unausweichlich – und zwar in Verbindung mit einer schroffen Gegenüberstellung – zu „Gewinnern" und „Verlierern". Zweitens ist aber auch nicht zu erwarten, dass die Vermehrung von Bürger- und Volksentscheiden grundsätzlich zu einer stärkeren politischen Mobilisierung der breiten Bevölkerung beiträgt. Vielmehr ist davon auszugehen, dass sich bereits jetzt artikulationsstarke Bevölkerungsgruppen dieser Verfahren bedienen, um die Durchsetzung spezifischer Interessen zu errei-

2 Vgl. zu unterschiedlichen Positionen und Ergebnissen im Hinblick auf die Einführung und die Folgen von mehr „direkter Demokratie" u.a. Schmidt 2010, S. 350ff.; Schiller/Mittendorf 2002; Freitag/Wagschal 2008; Neumann/Renger 2009; Heußner/Jung 2009; Hartleb/Jesse 2005; Jung 2005; Hirscher/Huber 2006; Martini 2011.

3 Vgl. u.a. http://www.mehr-demokratie.de/aktionen-kampagnen.html, zugegriffen im April 2013.

chen. Ein schlichtes „Mehr“ an „direkter Demokratie“ kann folglich keine Lösung der Problematik des Gegeneinanders konträrer Tendenzen der gesellschaftlichen und politischen und staatlichen Entwicklung sein.

Soweit gegenwärtig Bereitschaften zur Konzedierung von Möglichkeiten der Praktizierung „direkter Demokratie“ auf Seiten der politischen und administrativen Entscheider erkennbar sind, liegt die Vermutung nahe, dass lediglich Möglichkeiten geschaffen werden sollen, um von Zeit zu Zeit die in der Bevölkerung aufgestaute Empörungsneigungen zu entschärfen und den damit verbundenen Druck „kontrolliert“ abzubauen. Hiermit sollen dann aber keine „Beteiligungs“-Möglichkeiten geschaffen werden. Vielmehr kann zumindest teilweise unterstellt werden, dass durch die Einrichtung von „Ventilen“, deren relativ seltene Nutzung angesichts bisheriger Erfahrungen vorausgesetzt wird, die eher apathische – deshalb aber auch relativ „bequeme“ – ‚Normalsituation’ einer Bevölkerung stabilisiert werden soll, der man unter der Prämisse eines „Werteverfalls“ (vgl. oben) nach wie vor die Politik-/Demokratiefähigkeit abspricht. Die Fortdauer von eingeschränkt demokratischen Verhältnissen kann dann gerechtfertigt erscheinen.

Zur Vermeidung von Missverständnissen sei hinzugefügt, dass wir keinesfalls gegen die Möglichkeiten von Bürgerbegehren und Bürgerentscheiden oder auch gegen eine öfters erörterte Erweiterung der Anwendungsspielräume dieser Instrumente Stellung beziehen wollen (vgl. hierzu auch den Abschnitt 3.3.5). Allerdings stellen diese Instrumente aus unserer Sicht weniger eine ernsthafte Erweiterung von Bürgerbeteiligung dar. Vielmehr sind sie Lösungen für Konfliktsituationen, die auf andere Weise nicht angehbar sind.

Von „utopischer“ Bürgerbeteiligung wollen wir weiter auch überall dort sprechen, wo in Konzepten der Bürgerbeteiligung Annahmen über bestehende Handlungsspielräume und Beteiligungswirkungen getroffen werden, denen keine ausreichenden Realisationsvoraussetzungen zukommen, denen man also fairer Weise zwar „Denkmöglichkeit“ zugestehen muss, denen aber die „Machbarkeit“ abgesprochen werden muss. Es spielen hier verschiedene Aspekte eine Rolle, auf die im Einzelnen nachfolgend eingegangen wird. Zur Verdeutlichung soll vorwegnehmend lediglich der Aspekt der Nutzung der in der Bevölkerung vorhandenen Beteiligungsbereitschaft und -fähigkeiten angesprochen werden, denen in unserem Konzept eine herausragende Bedeutung zukommt.

Rein empirisch ist, wie bereits festgestellt wurde, davon auszugehen, dass auf kommunaler Ebene bei bis zu vier Fünfteln der Menschen eine Beteiligungsbereitschaft vorhanden ist. Eine „utopische“, d.h. eine an den realen Möglichkeiten vorbeigehende Vorstellung von der Nutzung dieser bisher weitgehend unausgeschöpften Bereitschaft läge unseres Erachtens z.B. dann vor, wenn versucht würde, die Diskrepanz zwischen Bereitschaft und Nutzung durch eine Strategie der bloßen Vermehrung von Beteiligungsangeboten aus der Welt zu schaffen. Es würde dann nämlich an der empirisch belegbaren Tatsache vorbeigedacht, dass die ganz überwiegende Zahl der beteiligungsbereiten Bürgerinnen und Bürger einen Übergang zur faktischen Beteiligung ausdrücklich von der Erfüllung bestimmter Voraussetzungen abhängig macht.[4]

Unglücklicher Weise gibt es bislang noch kaum tiefergehende Untersuchungen, aus denen sich eindeutige Informationen über die Beschaffenheit der hier sichtbar werdenden *„Konditionalität"* der Beteiligungsbereitschaft ableiten lassen. Vielmehr besteht hier noch eine Forschungslücke. Allerdings wird man kaum fehlgehen, wenn man annimmt, dass ein starkes Zurückhaltungsmotiv vieler Bürgerinnen und Bürger in einem *mangelnden Vertrauen* gegenüber Ankündigungen und Versprechungen von Seiten der Politik zu suchen ist und in der Furcht davor, bei einem Eingehen auf Beteiligungsangebote auf eine „Spielwiese" geführt und am Ende enttäuscht zu werden. Im Hintergrund des diesbezüglichen Misstrauens wird man einerseits die generelle Politiker- und Parteienverdrossenheit der „Zuschauerdemokratie" anführen können, ebenso wie unbefriedigende Erfahrungen mit bisherigen Bürgerbeteiligungsansätzen, die im Sande verliefen.

Utopische – sprich: wirklichkeitsfremde – Annahmen lassen sich aber auch überall da feststellen, wo die Misstrauens- und Akzeptanzprobleme, denen Beteiligungsansätze und Beteiligungsergebnisse auf Seiten der Entscheider ausgesetzt sind, bagatellisiert oder verdrängt werden, so dass hoffnungsvoll von Seiten der Bürger/innen initiierte Beteiligungsprojekte bei der Begegnung mit ihnen ein unerwartetes „Waterloo" erleben, wodurch die ohnehin vielfach bestehende Neigung zur faktischen Beteiligungsabstinenz trotz grundsätzlicher Beteiligungsbejahung letztlich eine weitere Verstärkung erfährt.

Die diesbezüglich gegenwärtig noch bestehenden Schwierigkeiten und Hemmnisse lassen sich letztlich auf ein „mismatch" zurückführen

4 Leider sind die Möglichkeiten für die empirische Belegung dieser „Konditionalität" der Beteiligungsbereitschaft bisher begrenzt. Als Beispiel können z.B. Ergebnisse einer Bürgerbefragung in der Stadt Heilbronn zum Thema der Bundesgartenschau 2019 genannt werden, denen zufolge die Mehrzahl derjenigen Befragungsteilnehmer/innen, die zum Ausdruck brachten, dass sie sich vorstellen könnten, sich bei einer Bürgerbeteiligung persönlich einzubringen, hierfür die Erfüllung bestimmter Bedingungen geltend machten (Stadt Heilbronn, Stabsstelle Strategie 2012).

zwischen einem starken Wachstum mentaler Fähigkeiten und damit verbundener Kompetenzzuwächse auf Seiten der Bevölkerung einerseits und einer „unzeitgemäßen" Fixierung der institutionellen Strukturen und weiter Teile der etablierten Eliten auf ein veraltetes Menschenbild andererseits. Dieses Bild war zu einer früheren Zeit angemessen, in welcher ein darauf aufbauendes „paternalistisches" Verhalten gegenüber den Menschen realistisch gewesen sein mochte (vgl. hierzu auch weiter oben). Die gegenwärtig allseitig zunehmende Kritik an der „Zuschauerdemokratie" berechtigt zu der Hoffnung, dass inzwischen die Zeit für einen *Entwicklungssprung* herangereift ist, der über diese unbefriedigende und gefährliche Situation hinausführt.

3.2.2 Abgrenzung von fiktiven Konzepten

Angesichts einer anwachsenden Ungeduld der Bürger gegenüber gegenwärtigen Verhältnissen mag da und dort die Versuchung naheliegen, „fiktive" – das heißt in erster Linie als Beschwichtigung gedachte oder gegebenenfalls auch nur vorgetäuschte – Beteiligungskonzepte zu entwickeln. Colin Crouch hat solche scheindemokratischen Entwicklungen zum Gegenstand eines Buches mit dem Titel „Postdemokratie" gemacht, das in letzter Zeit große Aufmerksamkeit fand (vgl. Crouch 2008). In der „Postdemokratie" – gemeint ist die gegenwärtige entwickelte Welt insgesamt – spielt Colin Crouch zufolge die Mehrheit der Bürger/innen „eine passive, schweigende, ja sogar apathische Rolle". Die „reale Politik" wird, seiner Darstellung zufolge, „hinter verschlossenen Türen gemacht", während gleichzeitig aber eine geschickte mediale Inszenierung stattfindet, die den Eindruck einer freien und unbeschränkt beteiligungsberechtigten Öffentlichkeit vermittelt.

Man wird dieses globale, mit Sicherheit grobe Überzeichnungen beinhaltende Bild nicht ohne weiteres auf die Ebene der gegenwärtigen Bemühungen um Bürgerbeteiligung übertragen können. Es vermittelt aber dennoch einige Schlüsselhinweise, von denen her sich manches verstehen lässt, was aktuell in der kommunalen Landschaft beobachtbar ist und auffällt. Besonders deutlich wird dies in denjenigen Fällen, in denen Bürgerbeteiligung auf bloße *Bürger-Information* reduziert wird.

Es wird nachfolgend noch darzulegen sein, dass Information – insbesondere „frühzeitige" und „umfassende" Information – ein unverzichtbarer Bestandteil realistischer Bürgerbeteiligung ist. Isoliert für sich allein betrachtet und gehandhabt vermag Information jedoch – vor allem, wenn sie sich als „Infotainment" präsentiert – höchstens ein passives Konsumentenverhalten gegenüber dem öffentlichen Raum fördern und damit dem zentralen Anliegen der Bürgerbeteiligung abträglich sein. In Klammern sei der Hinweis hinzugefügt, dass in Anbetracht dessen eine verbreitete Neigung in der Partizipationsliteratur irritieren muss, „Information" als unterste Stufe einer drei- oder vierstufigen Skala zu nennen, die fortschreitende Stärkegrade der Bürgerbeteiligung angibt.[5] Der Information wird in einem solchen Schema zwar eine nachgeordnete Rangposition zugeschrieben. Sie wird jedoch als eine vollgültige – wenn auch schwache – Ausprägung von Bürgerbeteiligung hingestellt, was genau genommen eine Irreführung bedeutet.

Fiktive Bürgerbeteiligung, die im Einzelfall auch eine bewusst fingierte Bürgerbeteiligung sein mag, liegt aber z.B. auch dann vor, wenn mehr oder weniger aufwendig inszenierte „Events" veranstaltet werden, die den Bürgerinnen und Bürgern scheinbare Äußerungschancen vermitteln. Die Äußerungschancen haben hier jedoch primär die Funktion eines „emotional release". Das heißt, sie sollen Gelegenheit bieten, „Dampf abzulassen" und damit ein Problemthema aus der risikoreichen Zone öffentlicher Erregung herauszusteuern.

Die Grenze zur fiktiven Beteiligung kann aber auch dort überschritten werden, wo ein Event – z.B. ein *„Bürgerdialog"* – in ernsthafter Absicht veranstaltet wird. Die Ergebnisse werden dabei verschiedentlich einer breiten Öffentlichkeit bekanntgemacht. Eine unmittelbare Rückkopplung der erzielten Ergebnisse in konkrete Entscheidungsprozesse findet jedoch nicht statt. Die Grenze zu der unverbindlichen Veröffentlichung von Umfrageergebnissen, die laufend in den Medien stattfindet, ist dann fließend. Dies gilt auch dann, wenn im Einzelfall z.B. ein Dialog über Grundfragen der politischen und gesellschaftlichen Gestaltung beabsichtigt ist und als „zukunftweisendes" Großereignis herausgestellt wird.

Unter Fiktionsverdacht müssen z.B. aber auch *Bürgerversammlungen gängigen Typs oder Bürgerforen* gestellt werden, die – mit scheinbarer Großzügigkeit gegenüber dem Anliegen der Beteiligung einer breiten Öffentlichkeit – „für alle offen" sind. Scheinbar kann jeder mitreden, wie ihm der „Schnabel gewachsen ist" – unabhängig vom Umfang der faktischen Teilnahme und von der Zusammensetzung der gewöhnlich anonym bleibenden Teilnehmerschaft. Und scheinbar besteht in diesen Fällen damit eine „unbeschränkte Öffentlichkeit und Meinungsfreiheit". Selbst wenn Äußerungen der Bürger evtl. schriftlich festgehalten und anschließend zur weiteren Bearbeitung „in die Verwaltung gegeben" werden, was

5 Als nachfolgende „höhere" Stufen werden gewöhnlich „Konsultation" und „Mitwirkung an Entscheidungen" genannt (vgl. u.a. Städtetag Baden-Württemberg 2011, S. 62; Nanz/Fritsche 2012).

aber sehr häufig nicht der Fall ist, verbleibt erstens der grundsätzliche Einwand der „selektiven Aufmerksamkeit“ für diejenigen Wenigen, die sich zutrauen, die Befangenheitsschwelle zu überspringen, von der die meisten gehemmt sind. Zweitens verbleibt aber auch der Einwand, dass meist keine Beteiligung an der Auswertung der Äußerungen in der Versammlung angeboten wird und dass bezüglich ihrer Berücksichtigung im Verfahrensgang der jeweils zur Debatte stehenden Vorhaben keine Garantieren bestehen. Erstaunlicher Weise wurden die gravierenden Mängel dieses bisher immer noch beliebtesten Instruments der Bürgerbeteiligung auch in der Partizipationsliteratur bisher kaum ernsthaft diskutiert, woran sich, nebenbei gesagt, erkennen lässt, wie vieles sich selbst hier noch in einem Anfangsstadium befindet.

3.2.3 „Bürgerbeteiligung light“ als Problem

Wie wichtig es ist, fiktive Bürgerbeteiligung mit kritischem Blick und grundsätzlicher Abgrenzungsbereitschaft ins Auge zu fassen, wird aber letztlich erst dann ausreichend deutlich, wenn man Beteiligungsveranstaltungen unter die evaluatorische Lupe nimmt, die für sich zwar ein „realistisches“ Vorgehen in Anspruch nehmen, denen aber zentrale Merkmale abgehen, welche die Bezeichnung „Bürgerbeteiligung“ rechtfertigen würden. Man kann dann erkennen, dass in der Verwendung dieses Qualitätssiegels – wenn es ohne nähere Begriffsklärung verwendet wird – eine erhebliche Gefahr lauert. Die Gefahr wird überall dort erkennbar, wo man – gewöhnlich unter dem Druck der „leeren Kassen“, der in den Kommunen chronisch geworden ist – nach „pragmatischen“ Formeln sucht, mit denen sich Bürgerbeteiligung möglichst zeit- und kostensparend – und dennoch „wirksam“ – gestalten lässt, wobei oft die Öffentlichkeitswirksamkeit den angestrebten Ausschlag liefert.

Die Schwierigkeit besteht in diesen Fällen darin, dass man die Fähigkeit zur kritiksicheren Aufspürung solcher Fälle von „Bürgerbeteiligung light“ eigentlich erst dann besitzt, wenn man sich der Gestaltungsmerkmale ernstzunehmender und weiterführender Bürgerbeteiligung vergewissert hat, d.h. etwa den Inhalt der in diesem Buch unmittelbar nachfolgenden Kapitel im Kopf hat. Dennoch wird bereits an dieser Stelle der Versuch unternommen, die kritischen Elemente von „Bürgerbeteiligung light“ an einem aktuellen Beispiel zu verdeutlichen.

Wir betrachten zu diesem Zweck das aktuelle – und reale – Beispiel von „Großort“ (fingierter Name). Der Oberbürgermeister dieser Stadt fand die Vorstellung einer „groß“ und „umfassend“ ansetzenden Bürgerbeteiligung faszinierend, ohne sich jedoch über die bestehenden Erfolgsbedingungen ausreichend informiert zu haben.

Der Oberbürgermeister begeisterte sich für die Idee, eine Aktion „Großort erfindet die Zukunft“ (fingierte Bezeichnung) mit Bürgerbeteiligung zu inszenieren. Es wurde unter diesem Motto eine Serie von Workshops mit unterschiedlichen Themenstellungen geplant und durchgeführt, zu welcher „die“ Bürgerinnen und Bürger der Stadt durch öffentliche Bekanntmachung eingeladen wurden. Die Teilnehmerliste wurde geschlossen, sobald sich fünfzig Teilnehmende pro Workshop gemeldet hatten. Diejenigen Interessenten, die nicht zum Zuge kamen, konnten an einem zeitlich begrenzten Online-Dialog zu dem betreffenden Thema teilnehmen.

Die Workshops wurden jeweils an zwei aufeinander folgenden Terminen, die in einem Abstand von ca. einem halben Jahr anberaumt wurden, jeweils an einem Tage in moderierter Form abgewickelt. Den Teilnehmenden wurde Gelegenheit zur Diskussion und zur Beschriftung von Kärtchen gegeben, die anschließend auf Stellwänden zur Schau gestellt wurden. Der Diskussionsverlauf wurde in Kurzprotokollen festgehalten. Zu den begleitenden Online-Dialogen gab es jeweils nur sehr wenige Einsendungen und kaum irgendwelche Kommentare, deren Zahl sich zwischen null und vier bewegte. Nichtsdestoweniger wurden diese mageren Ergebnisse im Internet veröffentlicht. Die gesamten Ergebnisse der Aktion, deren Fortsetzung gegenwärtig noch ansteht, wurden in zusammengefasster Form als kreativer Beitrag der Bürgerschaft zur Zukunftsplanung der Stadt an die zuständigen Verwaltungsbereiche zur angelegentlichen Weiterverwertung weitergegeben.

Die Schilderung, die an dieser Stelle abgebrochen wird, erfolgt zunächst ohne Kommentar. Welch große Diskrepanz zwischen der dargestellten Aktion und einer nach unserer Auffassung „realistischen“ Bürgerbeteiligung besteht, und warum wir in diesem Zusammenhang abschätzig von „Bürgerbeteiligung light“ sprechen, wird sich dem Leser spätestens nach der Lektüre der nachfolgenden Kapitel dieses Buches erschließen.

Fatalerweise ist für kommunale Praktiker die Versuchung, einen reduktionistischen Standpunkt wie in dem dargestellten Fallbeispiel einzunehmen, unter den heutigen Bedingungen groß. Wir werden auf diese Problematik in den nachfolgenden Zusammenhängen zurückkommen. Für den Augenblick soll die Feststellung genügen, dass es praktisch gesehen von großer – wenn nicht entscheidender – Bedeutung ist, bei Überlegungen zur Gestaltung von Beteiligungsprozessen einerseits zwar verwaltungsökonomischen Gesichtspunkten eines effizienten Partizipationsmanagements eine grundsätzliche Bedeutung zuzubilligen, andererseits aber die übergeordneten Ziele der Bürgerbeteiligung nicht aus den Augen zu verlieren, um nicht letztlich – trotz aller PR-Bemühungen – auf einem „Holzweg" zu landen, dessen Beschreitung am Ende nur zur Vermehrung von Bürgerfrust beiträgt.

3.3 Gestaltungsmerkmale eines systematisierenden und verstetigenden Bürgerbeteiligungskonzeptes

3.3.1 Vorbedingung: Gewährleistung einer kooperativen Win-Win-Win-Situation

Die Auseinandersetzung mit utopischen und fiktiven Konzepten führt zu einer kritischen Abgrenzung von einer Vielzahl von Beteiligungsansätzen, denen das Qualitätssiegel einer „realistischen" Bürgerbeteiligung – aus verschiedenen Gründen – nicht zuerkannt werden kann. Fragt man umgekehrt, was die entscheidende Vorbedingung für die Zuerkennung dieses Qualitätssiegels ist, dann lautet die Antwort, dass aus „realistischer" Perspektive betrachtet Bürgerbeteiligung umso erfolgversprechender eingeleitet werden kann, je mehr sie *„kooperativ" und „trialogisch", oder, im Sinn des Governance-Konzepts verallgemeinert gedacht,* als gemeinsames Projekt der Bürgerinnen und Bürger wie auch der kommunalen Politik und Verwaltung und gegebenenfalls weiterer beteiligter Akteure in Angriff genommen wird. Man könnte alltagsnäher auch von einer *„Win-Win-Win"-Situation* sprechen, die zwischen den Hauptbeteiligten hergestellt werden muss.

Auf dem Hintergrund unserer Diagnose, dass von einer „Kluft" zwischen den Bürgern und den öffentlichen Entscheidern und von einem „Teufelskreis" eines sich aufschaukelnden gegenseitigen Misstrauens auszugehen ist, mag diese Antwort zunächst hypothetisch oder auch „kontrafaktisch" oder „heroisch" erscheinen. In der Tat steckt hinter dieser Antwort die Logik, dass es darum geht, nicht „um den heißen Brei herumzugehen", sondern „den Stier mutig bei den Hörnern zu packen", wenn sich ein Erfolg einstellen soll. Gleichzeitig weist die Antwort allerdings auch auf die Schwierigkeiten hin, dass unter dem Stichwort „Bürgerbeteiligung" auch mit Problemen und Gefahren des Scheiterns umgegangen werden muss.

Mit anderen Worten: „Den Stier mutig bei den Hörnern zu packen" stellt zwar eine wesentliche Erfolgsbedingung dar, die aber mit Problemen und Risiken verbunden ist, die man gut kennen und berücksichtigen muss, wenn man nicht bei einem Misserfolg enden will. In vielen einschlägigen

Mythen und Sagen sind die Wege der „Mutigen“ mit den Überresten der Törichten unter ihnen bedeckt, die den Glauben daran, Mut allein sei ausreichend, ein angestrebtes Ziel zu erreichen, mit dem Leben bezahlten. Der letztlich Erfolgreiche ist immer gleichzeitig auch der Kenntnisreiche und Umsichtige, zuweilen auch der Listige, als dessen Prototyp der Grieche Odysseus angesehen werden kann. Das Projekt der erfolgreichen Gestaltung einer „realistischen“ Bürgerbeteiligung könnte insofern auch als ein „Projekt Odysseus“ bezeichnet werden.

Wir wollen aber die Bereitschaft der Leser zu einem Umweg über die Mythologie nicht überfordern, sondern wenden uns zunächst einer Untersuchung der hauptsächlichen Fehler zu, die in den vergangenen Jahren zu einem Scheitern vieler hoffnungsvoll begonnener Bürgerbeteiligungsvorhaben führten.

3.3.2 Kooperative statt „informale“ Beteiligung

In den letzten Jahren kam es – von Seiten gesellschaftspolitischer Akteure, die im Interesse der Bevölkerung aktiv werden wollten – zu einer regelrechten *Welle* dialogisch geprägter Beteiligungsformen, die bezeichnender Weise bald als „informal“ angesprochen wurden. Die Palette dieser Beteiligungsformen ist breit. Hierzu gehörten beispielsweise Zukunftswerkstätten, Stadtteilforen, runde Tische, Planungszellen oder lokale Agenda-Prozesse. Initiatoren waren einzelne Bürger, Bürgerinitiativen, Vereine oder Verbände, in selteneren Fällen auch Verwaltungsfachleute und Vertreter/innen der Gemeinderäte. Den Verfahren war gemeinsam, dass sie im Idealfall zu einem dialogisch erarbeiteten Konsens unter den unmittelbar Beteiligten führen sollten.

Allerdings konnten alle diese Verfahren in der Regel nur eine geringe Wirksamkeit entfalten: Sie mobilisierten bislang keine breiten Bevölkerungsschichten zur Beteiligung, was zum guten Teil schon damit zu tun hatte, dass sie überwiegend Kleingruppenverfahren waren, die vielfach nur eine begrenzte Zahl von Beteiligten vorsahen. Sie wurden bisher meist aber auch nur sporadisch eingesetzt, weil die Initiative zu ihrer Durchführung von mehr oder weniger zufälligen individuellen Entschlüssen oder auch von der keinesfalls gesicherten Verfügung über die nötigen materiellen Voraussetzungen abhing. Es gab folglich keine Verlässlichkeit darüber, ob und wann Beteiligung stattfinden konnte.

Vor allem war aber die Berücksichtigung der Ergebnisse seitens der politischen und administrativen Entscheider in der Regel nicht gewährleistet, da die Verfahren meist von den öffentlichen Entscheidungsprozessen, auf die sie sich bezogen, entkoppelt waren. Dies hing zum guten Teil bereits mit ihrer „punktuellen“ Durchführung als Einmal-Ereignisse zusammen, die mit den in der Regel prozesshaften und oft langwierigen Verläufen öffentlicher Entscheidungen schon rein prozedural gesehen nicht eindeutig in Verbindung gebracht werden konnten. Es ergab sich somit typischer Weise die prekäre Situation einer *„Zweistufigkeit“*, die sich folgendermaßen beschreiben lässt: Die „Bürgerbeteiligung“ vollzog sich auf einer ersten Stufe gewöhnlich als ein isolierter und gewissermaßen introvertierter Dialog beteiligungsinteressierter Bürgerinnen und Bürger, dem anschließend als ein hiervon getrennter Schritt die Vorlage der erzielten Ergebnisse bei den zwar als Adressat anvisierten, aber nicht unmittelbar beteiligten Entscheidern nachfolgte, denen diese Ergebnisse – vielfach als unbestellte und oft auch unwillkommene Post – „in den Briefkasten geworfen“ werden mussten und deren Akzeptanz mehr oder weniger offen und unvorhersehbar war. Ängste und gegenseitiges Misstrauen zwischen Bürgern, politischen Akteuren und der Verwaltung konnten hierdurch allenfalls im Ausnahmefall abgebaut werden.[6]

Im Grunde waren diese „informalen“ Ansätze Ausflüsse derjenigen trotzigen Demokratiebejahung, der etwas Idealistisches, über die als schlecht angesehenen realen Verhältnisse weit Hinausweisendes anhaftete (vgl. oben), die aber kaum eine Chance hatten, an diesen Verhältnissen maßgeblich etwas zu ändern.

Wir orientieren uns gegenüber punktuellen und introvertiert bürgerzentrierten wie auch gegenüber den unter dem Label „direkte Demokratie“ auftretenden konfliktorientierten Partizipationsansätzen nachdrücklich an der Perspektive einer *„kooperativen“* Bürgerbeteiligung, wobei wir allerdings gegenüber bereits vorliegenden namensgleichen Konzepten[7] eine Reihe von weiterführenden Gesichtspunkten betonen.

So plädieren wir für eine Erweiterung dieses Konzepts im Hinblick auf eine stärkere Verlässlichkeit in Form der institutionell gesicherten

---

6 Leider werden die vorhandenen Informationen über entsprechende Äußerungen von Teilnehmern aus den – ohnehin spärlichen – Berichten über Beteiligungsvorhaben gewöhnlich ausgefiltert. Als Ausnahme kann ein Bericht über Bürgerforen in Hamburg gelten, der – auf dem Hintergrund einer ausführlichen Erörterung „theoretischer“ Vermittlungsmodelle wie insbesondere eines Habermas'schen „Schleusenmodells“ – die durch die Beobachtung der „Enttäuschung“ bei vielen Akteuren verursachten „Zweifel“ als einen wesentlichen Bestandteil gewonnener Erfahrungen bewertet (vgl. Herrmann 2002, S. 288).

7 Ohne die einschlägigen Arbeiten anderer Autoren abwerten zu wollen, möchten wir an dieser Stelle ausdrücklich auf die Gemeinschaftsarbeit „Kooperative Demokratie“ von Lars Holtkamp, Jörg Bogumil und Leo Kißler 2006 hinweisen, die uns eine Vielfalt wichtiger Anstöße vermittelte.

Verstetigung von Bürgerbeteiligung, wobei Verbindlichkeit im Hinblick auf Prozesse der Beteiligung, im Hinblick auf den Umgang mit Beteiligungsergebnissen und im Hinblick auf Verantwortlichkeiten gewährleistet werden muss und ein zentrales Merkmal die prozessuale Verzahnung aller beteiligten Akteure – vornehmlich von Bürgerschaft, Politik und Verwaltung – ist. Entscheidend ist weiterhin, dass es nicht nur um die Integration organisierter Interessen in die lokalen Entscheidungsprozesse geht, wie dies insbesondere Governance-Konzepte implizieren (vgl. u.a. Schmitter 2002, S. 53f.). Vielmehr müssen sich auch einzelne Bürgerinnen und Bürger im Rahmen lokaler Planungsprozesse artikulieren können. Nur ein solchermaßen gestaltetes, auf Dauer angelegtes und damit verlässliches, auch den individuellen Bürgern Beteiligungschancen garantierendes Konzept ist aus unserer Sicht dazu in der Lage, das Verhältnis zwischen Bürgern und Politik, aber auch zwischen Verwaltung und Bürgerschaft sowie zwischen Verwaltung und Politik auf lokaler Ebene nachhaltig zu verbessern. Ein wirksamer und umfassender Beteiligungsansatz muss unseres Erachtens angesichts der differenzierten Problem und Ursachenanalyse Lösungen für mehrere miteinander verbundene Problembereiche und damit Antworten auf verschiedene Fragen geben, zu denen die vier Folgenden im Besonderen gehören: Erstens, wie kann den Bürgerinnen und Bürgern stärker als heute das Gefühl vermittelt werden, zumindest bei Bedarf Einfluss auf Entscheidungen der Politik nehmen zu können? Zweitens, wie kann gleichzeitig dem dauerhaften Misstrauen der Bürger gegenüber den politischen Akteuren entgegengewirkt werden? Drittens, wie kann von Seiten der politischen und administrativen Entscheidungsträger effizienter und effektiver auf Probleme reagieren werden? Viertens, wie können Entscheidungsprozesse gleichzeitig die Gleichheit der Beteiligung sowie die Transparenz und Zurechenbarkeit von Entscheidungen (politische Verantwortlichkeit) gewährleisten?

3.3.3 Kooperative Bürgerbeteiligung: Die Sicht der Bürgerinnen und Bürger

Mit Blick auf den gegenwärtigen mentalen Zustand großer Bevölkerungsteile lässt sich die folgende *These* aufstellen: Das brachliegende und in einem explosionsgefährdeten „Verdrossenheits“-Zustand befindliche *Beteiligungspotenzial* in der Bevölkerung muss möglichst weitgehend *aktualisiert oder freigesetzt* werden können. Konkret: Diejenigen Menschen, die eine grundsätzliche Bereitschaft zur Bürgerbeteiligung haben, müssen einen Aktualisierungsimpuls erhalten, der sie zum Handeln veranlasst. Das heißt aber auch, dass sie aus der inaktiven (oder nur reaktiven) Verdrossenheit bzw. Indifferenz/Apathie heraustreten und dem bisher nur durch die Minderheit der sogenannten „üblichen Verdächtigen“ repräsentierten Aktivbürgertum beitreten müssen.

Die ebenso entscheidenden wie grundlegenden Bedingungen für die Erreichung des Ziels werden nachfolgend zunächst in aller Kürze als ein *zehnteiliger Merksatz* formuliert:

Die beteiligungsbereiten Bürger/innen müssen das Vertrauen haben können, dass...

1. *ihnen allen ...*
2. *eine verbindlich – und damit zuverlässig – verfügbare Chance geboten wird,*
3. *immer dann, wenn ihnen dies wünschenswert erscheint, d.h. unabhängig von „autoritativen“ Vorentscheidungen oder Genehmigungsakten oder vom zufälligen Vorhandensein individuellen Entgegenkommens und materieller Voraussetzungen,*
4. *sehr frühzeitig, d.h. bereits im Vorraum irreversibler Vorentscheidungen,*
5. *darüber hinaus aber auch in allen nachfolgenden Phasen, in denen folgenreiche Entscheidungen zu treffen sind,*
6. *unter Anwendung jeweils geeigneter Methoden,,*
7. *mit einer „fairen“ Erfolgsaussicht,*
8. *in öffentlichen Entscheidungsprozessen „Gehör“ zu finden bzw. sich in sie mitgestaltend einbringen zu können,*
9. *oder öffentliche Vorhaben-/Projektvorschläge gegebenenfalls auch von sich aus initiieren zu können, um sie anschließend mitgestaltend mittragen zu können.*
10. *Die Entscheider müssen bereit sein, die in die Vorhabenbearbeitungs-Prozesse eingeflossenen Inputs der Bürger im Sinn verantwortungsbewusster Prüfung zu berücksichtigen oder gegebenenfalls über die Gründe ihrer Nichtübernahme angemessen Rechenschaft abzulegen.*

Zu 1: Einbeziehung „aller“ Bürger und Bürgerinnen

Die realistische Erfüllung dieser sehr wesentlichen Bedingung, die bisher nur in Ausnahmefällen gelungen ist, fällt schwerer, als es zunächst den Anschein haben mag. Die diesbezüglich bestehenden Probleme und Begrenzungen lassen sich in drei Punkten zusammenfassen:

a. Das gesellschaftlich vorherrschende *Beteiligungspotenzial*, von dem man realistischer Weise auszugehen hat, ist *nicht bei allen Bürgern und*

Bürgerinnen in gleicher Weise auffindbar. Die diesbezüglich bestehenden Einschränkungen lassen sich bereits auf der Ebene der Wertewandelanalyse, daran anschließend aber auch auf der Ebene der Analyse des in der Bevölkerung vorhandenen politischen Interesses feststellen. Man kann unter den heutigen Bedingungen zwar davon ausgehen, dass die elementaren mentalen Voraussetzungen einer politischen Beteiligung bei der Mehrheit der Menschen vorhanden sind. Sie finden sich aber in unterschiedlicher Stärke und sind bei Teilen der Bevölkerung so schwach entwickelt, dass der erforderliche Antrieb zur Umsetzung einer vorhandenen „Handlungsdisposition" in faktisches Handeln – auch unter dem Einfluss konkurrierender persönlicher Interessen in einer Erwerbs-, Freizeit- und Erlebnisgesellschaft – nicht garantiert ist. Zusätzlich ist der Einfluss hemmender Lebensumstände, so z.B. eines hohen Lebensalters, eines beeinträchtigten Gesundheitszustandes oder auch einer kulturellen oder sozialen Benachteiligung und einer damit zusammenhängenden Schwächung der Beteiligungsdisposition, in Rechnung zu stellen. Es ist in diesem Zusammenhang an alle diejenigen Dinge zu denken, die gängiger Weise unter Überschriften wie „soziale Selektivität" von Bürgerbeteiligung oder Existenz „beteiligungsferner bzw. benachteiligter Bevölkerungsgruppen" erörtert werden.

b. Abstriche von einer hundertprozentigen Beteiligung „aller" sind realistischer Weise aber auch in Verbindung mit einer unterschiedlichen „Betroffenheit" der Menschen durch öffentliche Planungen und Projekte ins Auge zu fassen. Zwar lässt sich grundsätzlich davon ausgehen, dass bei allen Anlässen zur Bürgerbeteiligung in irgend einer Weise das „Gemeinwohl" im Spiel ist, zumal rein „private" Vorhaben wie die Errichtung eines Wohnhauses auf einem hierfür vorgesehenen Gelände als ein solcher Anlass kaum infrage kommen werden. Geht man bei der Beantwortung der Frage, wer „alle" sind, von der Bewohnerschaft einer Kommune als einer maßgeblichen Grundgesamtheit aus, wird schnell klar, dass z.B. bei Projekten, die nur einzelne Teilbereiche der Kommune betreffen, eine Mobilisierung „aller" sinnlos wäre.

c. Deutliche Abstriche von dieser Grundgesamtheit ergeben sich gegebenenfalls aber auch aus dem – in den gängigen Beteiligungsdiskursen bisher wenig in Betracht gezogenen – „Beteiligungsbedarf", der mit den Verfahrenserfordernissen der Bürgerbeteiligung selbst verknüpft ist. Fasst man Bürgerbeteiligung als einen Prozess auf, der über verschiedene Projektbegleitungs-Phasen hinweg verläuft, in denen jeweils unterschiedliche Aufgaben zu erfüllen sind (vgl. dazu auch später), dann zeigt sich bei einem genaueren Hinsehen schnell, dass der Beteiligungsbedarf eine variable Größe ist, deren Optimum keineswegs immer der gesamten Zahl der jeweils potenziell interessierten und mobilisierbaren Personen entspricht. Würden z.B. an einem Workshop tatsächlich „alle“ Bürger und Bürgerinnen einer Stadt – oder auch nur alle von einem Projekt „betroffenen“ Bürger und Bürgerinnen der Stadt – teilnehmen wollen, dann würde das vorgesehene methodische Design schnell gesprengt werden. Umgekehrt müsste man sich nach geeigneten Teilnehmern umsehen, wenn der Fall eintreten sollte, dass sich für den Workshop zu wenige Personen interessieren.

Ungeachtet dieser Einschränkungen muss das Prinzip, „allen“ Bürgern und Bürgerinnen – oder, exakter gesagt, allen Bewohnern einer Kommune – Beteiligungschancen einzuräumen, als unaufgebbar angesehen werden, wenn das im Hintergrund stehende Generalziel einer über die gegenwärtige Demokratiekrise hinausführende Demokratiereform nicht aus den Augen verloren werden soll. Es darf somit nicht zu gewollten oder ungewollten „Exklusionen“ kommen, d.h. es müssen „angemessene“ Voraussetzungen garantiert sein, dass alle Betroffenen und Interessierten eine „faire“ Beteiligungschance haben und das vorhandene Beteiligungspotenzial ausgeschöpft wird.

Zu Recht wird in diesem Zusammenhang häufig auf die Notwendigkeit hingewiesen, auch *„benachteiligten“ Bevölkerungsgruppen* eine Beteiligung zu ermöglichen und hierauf gegebenenfalls gesonderte Anstrengungen zu verwenden. Es zeigt sich allerdings, dass die herausgehobene Betonung dieser zweifellos wichtigen Aufgabe die Gefahr einer Verengung dessen mit sich bringt, was in Wahrheit erforderlich ist. Angesichts einer Vielfalt von Exklusionsgefahren ist ein viel breiter ansetzendes Konzept des „Partizipationsmanagements“ erforderlich. Welche praktischen Wege eingeschlagen werden können, um der Gesamtheit der infrage kommenden Einschränkungen erfolgreich begegnen zu können, wird im weiteren Verlauf dieses Buches wiederholt zur Sprache kommen (vgl. hierzu die Kapitel 4 und 5).

Zu 2: Angebot von verbindlichen und damit zuverlässig verfügbaren Beteiligungschancen

In einem Land, das wie Deutschland eine ausgefeilte Rechtskultur besitzt, ist es unabdingbar, dass alle verfügbaren Möglichkeiten, sich einzubringen oder Beteiligungsinitiativen zu entfalten und hierbei Gehör zu erhalten, *rechtsverbindlich gesichert bzw. „institutionalisiert“* sein müssen. Dem etablierten Erwartungshorizont der Menschen könnte bei der Unterschreitung dieses Quasi-Standards nicht ausreichend Rechnung getragen werden, so dass die nötigen – und grundsätzlich prekären – Vertrauensvoraussetzungen verfehlt würden. Angebote, die nur „in Aussicht gestellt“ oder „grundsätzlich zugesichert“ werden oder deren Realisierung dem Belieben entscheidungsberechtigter Instanzen überlassen ist und die von Fall zu Fall unterschiedlich genutzt werden, können den erforderlichen Vertrauensaufbau und eine darauf fußende Mobilisierung von Handlungsbereitschaft mit Sicherheit nicht leisten!

Die gegenwärtig noch im Schwange befindliche Trennung zwischen rechtlich garantierten („verfassten“) und sogenannten „informellen“ Beteiligungsmöglichkeiten muss dementsprechend überwunden werden. Für die deutschen Kommunen ergibt sich an dieser Stelle die wichtige Frage, ob die ihnen zur Verfügung stehenden Möglichkeiten, durch den Erlass von Satzungen eigene Rechtsquellen zu erschließen, für die Institutionalisierung der Bürgerbeteiligung ausreichend ist (wie sich diesbezüglich praktisch vorgehen lässt, wird im nachfolgenden Kapitel 4 dargestellt). Dass die gegenwärtig geltenden Gemeindeordnungen der Länder zur Absicherung der Verbindlichkeit einer „realistischen“ Bürgerbeteiligung bisher keine nennenswerten Beiträge leisten, ja dass in ihnen das Wort „Bürgerbeteiligung“ in der Regel gar nicht vorkommt, stellt dessen ungeachtet einen schwerwiegenden Mangel dar, der umgehend überwunden werden sollte.

Zu 3: Gewährung von Beteiligungschancen immer dann, wenn dies den Bürgern wünschenswert erscheint, d.h. unabhängig von „autoritativen“ Vorentscheidungen oder Genehmigungsakten oder vom zufälligen Vorhandensein individuellen Entgegenkommens und materieller Voraussetzungen

Es müssen Bedingungen geschaffen werden, die sicherstellen, dass den Bürgern Beteiligungschancen bei sämtlichen kommunalen Vorhaben gewährt werden, die für eine Beteiligung objektiv gesehen infrage kommen und bei denen ein Interesse einer Mehrzahl von Bürgern unterstellt werden kann oder bei denen sich ein solches Interesse faktisch geltend macht.

Praktisch gesehen geht es *erstens* darum, dass den Bürgern – möglichst in einer übersichtlich zusammenfassenden Form – leicht zugängliche *Informationen* über solche Vorhaben angeboten werden, aus denen sie ohne großen Suchaufwand entnehmen können, welche öffentlichen Projekte/Vorhaben „in der Pipeline“ sind und inwieweit sie von ihnen betroffen sind.

Diese an und für sich plausible Forderung ist angesichts der bisherigen Gegebenheiten in den kommunalen Verwaltungen weniger leicht erfüllbar, als es auf den ersten Blick erscheinen mag. Insbesondere in größeren Kommunen sind Informationen über Vorhaben, die sich in Vorbereitung befinden, selbst in der städtischen Verwaltung nicht ohne weiteres zugänglich, da sich die ersten Vorbereitungsphasen vielfach in einzelnen Fachbereichen vollziehen und die Hinzuziehung anderer Verwaltungsbereiche erst dann geschieht, wenn Vorklärungen abgeschlossen sind, zu denen gegebenenfalls auch finanzielle Realisationsvoraussetzungen gehören.

Es kann davon ausgegangen werden, dass es sich hierbei teils um „Sachzwänge" handelt, die auch durch ein Programm der Bürgerbeteiligung nicht außer Kraft gesetzt werden können. Dass es hier nichtsdestoweniger vielfach um eine „Geheimniskrämerei" handelt, die in der Verwaltung selbst dysfunktional ist und die einer vernünftigen Grundsätzen folgenden Verwaltungsmodernisierung nicht standhält, ist Verwaltungsexperten seit langem klar. Eine hier mit Forderungen von außen einsetzende Bürgerbeteiligung vermag somit dazu beitragen, administrative Spinnweben zu beseitigen, ohne die Verwaltung mit „unzumutbaren" Anliegen zu belasten. Welche Möglichkeiten in dieser Richtung in der Praxis bestehen, wird in Kapitel 4 unter der Überschrift „Vorhabenliste" deutlich werden.

Zu den Bedingungen, die zu gewährleisten sind, damit den Bürgern auf eine verlässliche und somit Vertrauen schaffende Weise Beteiligungschancen zukommen, rechnen *zweitens* natürlich auch die Voraussetzungen für die *Ingangsetzung* von Beteiligungen. Abstrakt gesprochen muss der Information über Beteiligungschancen eine auf die einzelnen infrage kommenden Projekte bezogene Willensäußerung interessierter Bürger nachfolgen können. Diese Willensäußerung kann in unterschiedlichen Formen vor sich gehen, bei deren Auswahl und Kombination den Kommunen ein weiter Spielraum verbleibt. Grob gesprochen kommen als Träger solcher Willensäußerungen sowohl die Bürger und Bürgerinnen selbst wie auch die kommunale Verwaltung, weiter aber auch der Gemeinderat und die ihm zugeordneten Beiräte oder auch Vereine – allgemeiner gesagt: Organisationen der Zivilgesellschaft – infrage, die sich als Träger von Bürgerinteressen verstehen. Wenn sich eine Kommune das Anliegen der Bürgerbeteiligung ernsthaft zu Eigen machen will, wird sie gut daran tun, sich hinsichtlich der Öffnung von Zugangswegen zur Beteiligung nicht auf einen kleinlich kontingentierenden Standpunkt zu stellen.

Einige Schwierigkeiten mag es bei der Klärung der Frage geben, wie sich unorganisierte Bürger einbringen können, die sich nicht an vorhandene Organisationen binden wollen. Die vorhandenen Gemeindeordnungen verschiedener Länder können sich hier als Hindernis erweisen, indem sie nämlich für sogenannte „Bürgeranträge“ Quoren vorschreiben, die relativ hoch gegriffen sind und die im Fall von Bürgerwünschen, welche die Beteiligung an einzelnen Projekten betreffen, allzu restriktiv sein mögen. Zwar besteht die Hoffnung, dass die Überarbeitung der Gemeindeordnungen diese Probleme beseitigen wird. Bis dahin wird es den Kommunen vorbehalten bleiben, in Leitlinien bzw. auf dem Satzungswege intelligente Lösungen zu schaffen, so z.B. die Bündelung einzeln eingehender Bürgerwünsche oder auch die Auslegung gegebenenfalls elektronischer Unterschriftslisten, die nach Erreichung einer bestimmten Größenordnung einen entsprechenden Gemeinderatsbeschluss auslösen können und die gegebenenfalls auch von den Bürgern selbst initiiert werden können.

Zu 4: Möglichst frühzeitig, d.h. bereits im Vorraum irreversibler Vorentscheidungen beginnende Beteiligung

Eine unabdingbare Voraussetzung für die Erfüllung dieser Forderung ist erstens, dass die zuständigen öffentlichen Instanzen ihre Pläne für Vorhaben möglichst frühzeitig offenlegen. Das wesentliche Kriterium für die Entscheidung darüber, ob diese Forderung im Einzelfall erfüllt ist, besteht – abstrakt formuliert – in der Beantwortung der Frage, ob im Zeitpunkt der Offenlegung bezüglich eines Vorhabens bereits irreversible Entscheidungen getroffen sind, welche die Bürger bei einer nachfolgenden Beteiligung hinzunehmen haben und welche ihren Beteiligungsspielraum an Punkten, die ihnen wichtig sind, einschränken.

Ungeachtet der Tatsache, dass die Frühzeitigkeitsforderung in Verbindung mit „Öffentlichkeitsbeteiligung“ bereits seit längerem im § 3 des Bundesbaugesetzes (BauG) festgeschrieben ist, muss davon ausgegangen werden, dass eine in der vorstehenden Form zugespitzte Frühzeitigkeitsforderung, die für eine „realistische“ Bürgerbeteiligung unverzichtbar ist, bisher nicht garantiert ist. Dies hat damit zu tun, dass es bisher bezüglich der Operationalisierung dieser Forderung weder von Seiten des Gesetzgebers noch von Seiten der Rechtsprechung zu eindeutigen Entscheidungen gekommen ist. Bezüglich der Beantwortung der Frage, wie eine solche Operationalisierung im Einzelnen aussehen kann, gibt es verschiedene Antworten. Entscheidend wird aber sein, dass es eine definitive Festlegung auf den Grundsatz der Offenhaltung der Entscheidung und die Rechtswidrigkeit eventueller Zuwiderhandlungen wie auch auf die hilfsweise Nutzung der Terminstruktur des Entscheidungsgangs bezüglich der Ingangsetzung eines Vorhabens gibt. Wie hier praktisch vorgegangen werden kann, kann man der Darstellung im Kapitel 4 dieses Buches entnehmen.

Über die möglichst frühzeitige Veröffentlichung der Pläne für Vorhaben hinaus wird für die Erfüllung der Forderung nach einer Bürgerbeteiligung ohne einschränkende Vorfestlegungen, um die es substanziell geht, aber zweitens auch von entscheidender Bedeutung sein, dass intervenierende Entscheidungen, die den Spielraum der Bürgerbeteiligung einschränken könnten, für die gesamte Dauer des Beteiligungsprozesses ausgeschlossen werden und dass vor allem auch für abschließende Entscheidungen erst dann „grünes Licht" gegeben wird, wenn der Beteiligungsvorgang zum Abschluss gelangt ist.

Natürlich kann eine solche Forderung nur unter der Bedingung realistisch erscheinen, dass bezüglich der Gestaltung des Beteiligungsvorgangs Regeln festgelegt werden, die eine Überschaubarkeit und möglichst exakte Planbarkeit des mit ihm verbundenen Zeitbedarfs und gegebenenfalls auch einen Abbruch der Beteiligung ermöglichen, falls sich die Vereinbarung solcher Regeln oder ihre Einhaltung als undurchführbar erweisen.

Zu 5: Bürgerbeteiligung in allen Phasen von Vorhabenbearbeitungen, in denen folgenreiche Entscheidungen zu treffen sind

Wie bereits dargestellt wurde, war das „punktuelle", d.h. auf einen bestimmten Zeitpunkt (oder einen kurzen zusammenhängenden Zeitraum) beschränkte Vorgehen eine der entscheidenden Schwächen bisheriger Bürgerbeteiligungsansätze. Die Bürgerbeteiligung konnte schon von daher nicht in eine operationale Beziehung zu den öffentlichen Entscheidungen gebracht werden, auf die sie hinzielte. Die elementare Tatsache, dass öffentliche Entscheidungsprozesse in der Regel prozesshaft ablaufen, d.h. Phasen und Zwischenabschnitte aufweisen und auf einer Zeitschiene stattfinden, muss sich bei realistischem Vorgehen zwingend in einer entsprechenden prozesshaften Gestaltung der Bürgerbeteiligung niederschlagen. Bürgerbeteiligung muss, mit anderen Worten, ihrerseits – in Entsprechung zur Struktur der jeweiligen Entscheidungsprozesse – *prozesshaft* gestaltet werden.

Dabei ist wichtig, dass es sich bei der Prozesshaftigkeit öffentlicher Entscheidungen zwar auch, aber keineswegs nur um den von Stufe zu Stufe anwachsenden Detaillierungsgrad von Arbeitsansätzen und Ergebnissen handelt. Vielmehr spielen auch inhaltliche Änderungen eine Rolle, die sich im Planungsprozess aus verschiedenen Gründen einstellen können und die im Einzelfall von einschneidender Bedeutung sein können. Nur durch eine die öffentlichen Entscheidungsprozesse über deren Ablaufphasen hinweg begleitende Bürgerbeteiligung kann gewährleistet werden, dass ihre Ergebnisse im weiteren Verlauf öffentlicher Gestaltungsprozesse nicht wieder „verschwinden".

Die Gewährleistung von „Frühzeitigkeit“ der Bürgerbeteiligung ist also eine „notwendige, aber nicht hinreichende“ Bedingung ihrer Effektivität. Angesichts der immer bestehenden Möglichkeit von Änderungen/Revisionen von Entscheidungen in nachfolgenden Prozessphasen und der daraus resultierenden Flexibilitätsanforderung an öffentliche Entscheidungsprozesse muss gesichert sein, dass die Ergebnisse von Bürgerbeteiligung in nachfolgenden Phasen nicht durch Änderungen „überrollt“ werden können. Dementsprechend müssen zwei Bedingungen garantiert sein:

- die gesicherte Übernahme der Ergebnisse der Bürgerbeteiligung von einer Phase in die jeweils nachfolgende Phase durch ihre Festschreibung seitens einer zuständigen Entscheidungsinstanz, aber auch durch organisatorische Vorkehrungen;
- die Einschaltung der zuständigen Entscheidungsinstanz auch im Fall von Revisionen, die gegebenenfalls die Wiederholung von Bürgerbeteiligungsabschnitten erforderlich werden lassen.

Zu 6: Gewährleistung prozesshafter Bürgerbeteiligung unter Anwendung jeweils geeigneter Methoden

Bis heute werden immer wieder Versuche unternommen, den „Instrumentenkoffer“ der Bürgerbeteiligung, der insbesondere durch zahlreiche Neuerfindungen der „informalen“ Welle (vgl. oben) prall gefüllt ist, mit Verwendungshinweisen auszustatten, so dass die Methodenauswahl der bisher oft noch vorherrschenden Orientierungslosigkeit und Willkür entzogen wird. Die dabei verwendeten Unterscheidungskriterien (z.B. Kleingruppen- vs. Großgruppenansätze; kurzfristige vs. längerfristige Durchführbarkeit etc.) sind allerdings praktisch gesehen relativ bedeutungslos. Entscheidend ist vielmehr, dass Methoden angewandt werden, deren Eignung den Anforderungen im jeweiligen Verwendungszusammenhang entspricht. Das heißt, sie müssen in ihrer Zielsetzung zu den Anforderungen in der jeweiligen Prozessphase passen.

Geht man davon aus, dass die Ansatzstellen der Bürgerbeteiligung praktisch gesehen immer einzelnen Phasen öffentlicher Entscheidungsprozesse zuzuordnen sind, dann bedeutet dies, dass auch über die Anwendung verfügbarer Beteiligungsmethoden stets im Zusammenhang mit den Bedingungen zu entscheiden ist, die in einzelnen Beteiligungsphasen bestehen. Grob gesprochen haben die *„Eignungsprofile“* der Methoden den jeweils maßgeblichen phasenspezifischen *„Anforderungsprofilen“* zu entsprechen.

Es wird sich angesichts dieser Entsprechungsforderung nicht vermeiden lassen, die verfügbaren Methoden immer wieder von neuem einer

Überprüfung ihrer Leistungsfähigkeit zu unterziehen. Hierbei vermag die nachfolgende Grobsortierung eine Hilfestellung leisten, welche bei den entscheidenden Unterschieden der Eignungsmerkmale ansetzt und hierbei *vier Gruppen von Methoden* unterscheidet:

1. Methoden, welche die frühzeitige Ermittlung von Erwartungs- und Interessenrichtungen und -konstellationen in der Bevölkerung gestatten (z.B. repräsentative Umfragen bzw. Bürgerpanels, die gegebenenfalls durch aufsuchende Verfahren zur Einbeziehung beteiligungsferner Teile der Bevölkerung ergänzt werden);
2. Methoden, welche die Gewinnung kreativer Entwicklungsperspektiven oder Problemlösungen gestatten (z.B. Kreativworkshops, Open Space-Konferenzen, Projektgruppen oder Zukunftskonferenzen);
3. Methoden, welche die Rückkopplung von in kleineren Gruppen ermittelten Beteiligungsergebnissen in eine breitere, möglichst repräsentative Öffentlichkeit gestatten (z.B. Bürgerpanels, Bürgerforen oder Bürgerversammlungen mit repräsentativ ausgewählten Teilnehmern);
4. Methoden, mit deren Hilfe Interessenkonflikte durch kommunikatives Aushandeln möglichst gelöst werden können (z.B. Runde Tische, Konsensuskonferenzen, Mediationsverfahren).

Zu 7: Gewährleistung von Bürgerbeteiligung mit einer „fairen" Erfolgsaussicht

Es kann davon ausgegangen werden, dass eine Teilnahme von Bürgern an Beteiligungsaktivitäten, die stets einen Einsatz grundsätzlich knapper Zeitressourcen erfordern, nur dann zu erwarten ist, wenn die Beteiligten mit einem Ergebnis rechnen können, in welchem ihre eigenen Erwartungen, Vorstellungen und Interessen in einem ausreichenden Maß zur Geltung gelangen.

Bei dem hier zugrunde gelegten Ansatz einer „kooperativen" – d.h. mit den Grundstrukturen einer repräsentativen Demokratie vereinbaren – Bürgerbeteiligung kann es für die von den Bürgern eingebrachten Inputs – auch wenn sie gegebenenfalls konsensuell erfolgen – keine absolute Erfolgsgarantie geben. An diesem Punkt unterscheidet sich der „kooperative" Ansatz eindeutig vom Ansatz einer „direkten" Demokratie. Letzterer ist dabei nahezu immer mit streitig vollzogenen Konfliktaustragungen verbunden, bei welchen es – auch in der Bürgerschaft – unvermeidlich Gewinner und Verlierer gibt, die einander konträr gegenüberstehen.

Allerdings wird angesichts des relativ hohen Rationalitätsniveaus, das bei den heutigen Bürgern vorausgesetzt werden darf (vgl. Klages 2007,

S. 38f.), nicht davon ausgegangen werden müssen, dass seitens der Bürger und Bürgerinnen eine exklusiv auf das eigene Individualinteresse bezogene Effektivitätserwartung besteht. Man wird vielmehr von der Annahme ausgehen können, dass die Bürger mehrheitlich von der moderateren Annahme einer *„fairen"* Berücksichtigung ihrer Inputs ausgehen. Das heißt, sie sollten bereit und in der Lage dazu sein, der Berücksichtigung unterschiedlicher gesellschaftlicher Interessen Rechnung zu tragen.[8]

Weiterhin setzt der kooperative Ansatz wesensnotwendig aber auch eine grundsätzliche Akzeptanz des Sinns und Zwecks und des praktischen Nutzens der Bürgerbeteiligung bei den Entscheidern voraus (vgl. auch weiter unten), so dass die Situation eines vorherrschenden „Abschmetterns" der Ergebnisse von Bürgerbeteiligungsprozessen unwahrscheinlich ist und praktisch aus der Betrachtung ausscheiden kann. Da mit „Kooperation" aber nicht nur eine grundsätzlich positive Einstellung der Entscheider zur Bürgerbeteiligung gemeint ist, sondern vielmehr darüber hinaus ein auf dialogische Einigung abzielendes Zusammenwirken im Verlauf von Planungs- und Entscheidungsprozessen, dürften Abweisungen von Bürger-Inputs bei der abschließenden Entscheidung mit hoher Wahrscheinlichkeit nur Ausnahmefälle sein. Eine „faire" Erfolgsaussicht kann somit – angesichts der Logik des kooperativen Ansatzes – als Normalfall unterstellt werden.

Zu 8: Gewährleistung der Erwartung, in öffentlichen Entscheidungsprozessen „Gehör" zu finden bzw. sich in sie mitgestaltend einbringen zu können

Für die Gewinnung des Zugangs zu einer „realistischen" Bürgerbeteiligungskonzeption ist es wichtig zu verstehen, dass sich die beiden vorstehend genannten Forderungen in mehrfacher Hinsicht voneinander unterscheiden.

Die Forderung des *„Gehörs"* bezieht sich auf die Bereitschaft der Entscheider, die Inputs der Bürger über alle Phasen eines Beteiligungsverfahrens hinweg bis zur abschließenden Entscheidung hin als entscheidungswichtige Beiträge von dritter Seite wahrzunehmen und mit Aufmerksamkeit und Akzeptanzbereitschaft in ihre Überlegungen einzubezie-

8 Es kann in diesem Zusammenhang u.a. auf die Ergebnisse derjenigen experimentellen „Spiele" wie z.B. des Ultimatumspiels hingewiesen werden, mit denen die moderne Verhaltensökonomie (behavioral economics) die Bedeutung „sozialer Motive" nachweisen konnte, welche die Geltung des Modells des homo oeconomicus einschränken, dem zufolge moderne Menschen generell vom Motiv der Maximierung des eigenen Nutzens beherrscht werden. Vgl. zum Ultimatumspiel u.a. Güth et al. 1982.

hen, sich darüber hinaus gegebenenfalls aber auch der Anwendung von Mediationsverfahren zu stellen.

Was bei realistischer Bürgerbeteiligung unter „Gehör" inhaltlich gesehen im Einzelnen zu verstehen ist, ist gegenwärtig noch nicht allgemeinverbindlich festgelegt. Man wird sich provisorisch an der weitgehend einheitlichen Auslegung orientieren können, die sich in der gerichtlichen Praxis herausgebildet hat.

Dessen ungeachtet ist davon auszugehen, dass „Gehör" grundsätzlich *allen* von einem Vorhaben betroffenen und an der Beteiligung interessierten Bürgern zukommen muss, auch wenn sie nicht unmittelbar in den Beteiligungsprozess selbst involviert sind (vgl. dazu vorstehend unter 6. den „Rückkopplung" ermöglichenden Methodenkomplex).

Die Möglichkeit, sich in Entscheidungsprozesse unmittelbar, und das heißt im Sinne der direkten Mitberatung bzw. Mitarbeit *„mitgestaltend einzubringen"*, kann sich angesichts der Grenzen organisationspraktischer Möglichkeiten allerdings keinesfalls auf „alle" beteiligungsinteressierten Bürger beziehen, weil hierdurch die öffentlichen Entscheidungsprozesse einem auch für die Bürger selbst nicht zu leistenden Aufblähungseffekt unterliegen würden.

Mit den beiden Begriffen, um die es hier geht und die oft in einem Atemzug genannt werden, sind somit verschiedenartig große Teile der Bürgerschaft auf verschiedene Weise angesprochen: Einerseits nämlich tatsächlich „alle" Bürger bzw. Einwohner/innen in der hier gemeinten Bedeutung (vgl. vorstehend unter 1.), andererseits aber ausgewählte und in der Regel kleinere Teilgruppen von Bürgerinnen und Bürgern, die von der Möglichkeit Gebrauch machen können, bei Entscheidungsprozessen unmittelbar mitzuwirken.

Es wird an dieser Stelle klar, dass „die" Bürger und Bürgerinnen bei einer „realistisch" konzipierten Bürgerbeteiligung grundsätzlich nicht in einer „Einheitsrolle" in Erscheinung treten, sondern vielmehr *in zwei unterschiedlichen, u.a. auch unterschiedliche Anforderungen mit sich bringenden Rollen*: Einerseits in der relativ „niederschwelligen" Rolle eines Bürgers, der organisierte Äußerungschancen nutzt, um Vorschläge einzubringen oder Stellungnahmen zu vorgegebenen Entscheidungsfragen oder auch zu Beteiligungsergebnissen im Zusammenhang von Projekten/Vorhaben abzugeben; andererseits in der Rolle eines wesentlich höherschwellig (= zeit- und arbeitsaufwändiger) sich engagierenden und kooperierenden Bürgers, der sich an der Formulierung von Gestaltungsalternativen und Auswahlentscheidungen unmittelbar beteiligt und somit gewissermaßen in Entscheidungsprozesse „eingebettet" ist (vgl. Barrett et al. 2012, S. 186).

Es sei an dieser Stelle erwähnt, dass sich mit dieser zweiten Rolle das praktische Erfordernis verbindet, den Bürgern und Bürgerinnen diejenigen organisationspraktischen und professionellen Hilfestellungen und Unterstützungen zu gewähren, die sie in die Lage versetzen, ihre Mitwirkungsrolle mit den für öffentliche Vorhaben- und Projektplanungen erforderlichen Fähigkeiten wahrnehmen zu können.

Zu 9: Für die Bürger bestehende Möglichkeit, öffentliche Vorhaben-/ Projektvorschläge gegebenenfalls auch von sich aus initiieren zu können, um sie anschließend mitgestaltend mittragen zu können

Die Chance von Bürgern, öffentliche Vorhaben von sich aus zu initiieren, stand in bisherigen Erörterungen häufig im Vordergrund, wenn von Bürgerbeteiligung die Rede war. Praktisch gesehen wurde damit aber an der Tatsache vorbeigegangen, dass empirisch gesehen der weitaus größte Teil von öffentlichen Vorhaben, die für Bürgerbeteiligung infrage kommen, nicht von den Bürgern selbst, sondern vielmehr von öffentlichen Instanzen – in Kommunen insbesondere von der Verwaltung – ausgehen.[9] Konzentriert man sich bei der Kennzeichnung der Fälle, in denen Bürgerbeteiligung ermöglicht werden soll, umgekehrt auf diejenigen Fälle, in denen Bürger von sich aus ein Vorhaben initiieren wollen, dann orientiert man sich somit eher am Ausnahmefall, während die normalen Mehrheitsfälle, so wichtig und grundsätzlich bedeutsam sie für die Bevölkerung auch sein mögen, links liegen gelassen werden.

Von „realistischer" Bürgerbeteiligung kann in einem solchen Fall also keine Rede sein, auch wenn die Motivation, die hierbei im Spiel ist, genau in diese Richtung zielen mag. Es gilt somit festzuhalten, dass realistische Bürgerbeteiligung an erster Stelle darauf abstellen muss, eine verlässliche Beteiligung der Bürger und Bürgerinnen – bzw. der Bewohner der Kommune – an den öffentlichen Vorhaben sicherzustellen. Dementsprechend wird von uns als Regel unterstellt, dass es primär darauf ankommen muss, den Bürgern die Beteiligung an gewissermaßen „vorgegebenen" öffentlichen Projekt- bzw. Vorhabenideen, -planungen, -entwürfen zu ermöglichen.

Dies kann allerdings nicht bedeuten, den Fall der Initiierung von Vorhaben/Projekten seitens der Bürger als eine quantité négligeable zu ver-

---

9 Es kann in diesem Zusammenhang auf ein Ergebnis der Kommunalbefragung 2012 des DIFU hingewiesen werden, dem zufolge „als Initiatoren bzw. Veranlasser" von Großprojekten und Entwicklungsvorhaben „von Seiten der teilnehmenden Städte und Gemeinden überwiegend die eigene Stadtverwaltung genannt" wurden (Landua et al. 2013, S. 16).

nachlässigen. Wenn dies geschehen würde, dann würde den Entscheidern ein Initiierungsmonopol zugeschoben, das die Bürgerbeteiligung an einem wesentlichen Punkt beschneiden würde. Praktisch gesehen mögen zwar in einer Vielzahl von Fällen Ideen der Bürger über wünschenswerte Projekte/Vorhaben von „hellhörigen", auf Legitimitätsgewinnung und Akzeptanz bedachten Politikern und Verwaltungsangehörigen auf informellem Wege aufgegriffen werden, so dass den Bürgern die eigene Bemühung um ihre Einbringung erspart wird. Dies berechtigt aber nicht dazu, eine Initiierung von Vorhaben/Projekten seitens der Bürger aus der Institutionalisierung von Bürgerbeteiligung auszuklammern. Vielmehr sind hierfür Regelungen vorzusehen, welche die Chance der Einbringung eigener Projektideen, Projektvorschläge und Projektwünsche zu einem Bestandteil derjenigen Garantien werden lassen, welche die Bürger als Grundlage des Vertrauens in eine verlässliche Berücksichtigung ihrer Beteiligungserwartungen ansehen können.

Zu 10: Bereitschaft der Entscheider, die in die Vorhabenbearbeitungs-Prozesse eingeflossenen Inputs der Bürger im Sinn einer verantwortungsbewussten Prüfung zu berücksichtigen oder gegebenenfalls über die Gründe ihrer Nichtübernahme angemessen Rechenschaft abzulegen

Die sogenannte *„Rechenschaftspflicht"* stellt einen gewissermaßen obligatorischen Grundsatz dar, der sich in praktisch allen bisherigen Überlegungen zu einer „kooperativen" Bürgerbeteiligung findet.

Im Hintergrund steht die Überlegung, dass das Verhältnis zwischen Bürgern und Entscheidern im kooperativen Modell im Interesse einer Überwindung der zwischen den beiden Seiten bestehenden Kluft *„dialogisch"* gestaltet sein muss, auch wenn das Letztentscheidungsrecht der gewählten Mandatsträger nicht angetastet wird. Entscheidungen, welche eine Ablehnung von Inputs der Bürger mit sich bringen, bedürfen von daher gesehen einer Begründung, die nicht in einer abweisenden „Amtssprache" gehandhabt werden, sondern für die Bürger unter Zugrundlegung etablierter Vernunftprinzipien „nachvollziehbar" und nach Möglichkeit auch inhaltlich akzeptabel sein sollte.

Dem lässt sich hinzufügen, dass der kooperative Charakter des Modells, vor allem das dauerhafte prozesshafte Zusammenwirken von Bürgern, Politik und Verwaltung, das eines der wesentlichen Merkmale des von uns entwickelten Verständnisses des Modells ist (vgl. hierzu vorstehend Zu 5.) zu einer nachdrücklichen Abschleifung der „harten Kanten" der unvermeidlich ins Spiel kommenden System- und Machtfrage beiträgt. Letzten Endes wird der Gemeinderat die Ergebnisse der Bürgerbeteiligung zwangsläufig schon während eines Beteiligungsverfahrens sukzessive und kumulativ in einen fortwährenden Abwägungs- und Entscheidungsprozess einfließen lassen müssen, so dass sich für ihn am Ende de facto ein Zustimmungszwang ergibt, dem er Folge leisten muss, wenn er sich nicht selbst widersprechen will.

Allerdings schließt diese im Verfahren selbst begründete „List der Idee" keineswegs aus, dass der abschließenden Entscheidung des Gemeinderats zukünftig formal eine *quasi-notarielle Prägung* verliehen wird, die dem kooperativen Konzept der Bürgerbeteiligung mit Sicherheit angemessener ist als ein „einseitiger" Entscheidungsakt, der die andere Seite – eigentlich konzeptwidrig – zu einer passiven Zuschauerrolle verurteilt. Für die Weiterentwicklung der Gemeindeordnungen der Länder bietet sich hier ein kreativ nutzbarer Spielraum an.

Es lassen sich hierzu verschiedene *Ideen einer konkreten Ausgestaltung* entwickeln, die von der Gewährung eines Rederechts für Bürgervertreter/innen bei der Beschlussfassung über die Ergebnisse von Beteiligungsprozessen im Gemeinderat bis zur Gewährung eines Einspruchsrechts der Bürgervertreter/innen im Ablehnungsfall mit aufschiebender Wirkung bzw. mit der Folge der Anberaumung einer zweiten Lesung auf der Grundlage einer überarbeiteten, gegebenenfalls durch Expertengutachten ergänzten Beschlussvorlage und bis zur Einsetzung eines Schiedsgerichts hin reichen. Die Überprüfung und Auswertung der für das Gerichtswesen entwickelten Grundsätze zur Interpretation des Begriffs „Gehör" kann auch hier vielfältige Hinweise für eine Vertrauen schaffende Ausgestaltung des zukünftigen Verhältnisses zwischen Bürgern und Entscheidern auf „gleicher Augenhöhe" jenseits überkommener Hierarchieverhältnisse liefern.

3.3.4 Kooperative Bürgerbeteiligung: Die Sicht der Entscheider

Wir hatten bereits an früherer Stelle auf fehllaufende bisherige Beteiligungsansätze hingewiesen, die sich unter dem Stichwort einer „informalen" Welle zusammenfassen lassen. Den Verfahren war gemeinsam, dass ihre zentrale Zielsetzung die Herstellung von Konsens unter den unmittelbar Beteiligten war, bei denen es sich typischer Weise ausschließlich um Bürger und Bürgerinnen handelte. Diese wurden dazu veranlasst, sich im „stillen Kämmerlein" zusammenzusetzen, um Lösungen zu erarbeiten, die den Entscheidern anschließend erwartungsvoll „in den Briefkasten geworfen" wurden. Ein thematischer Bezug zu aktuellen öffentlichen Planungs- und Entscheidungsprozessen war zwar möglicher Weise gegeben. Man arbeitete jedoch abseits von ihnen, ohne in der Regel auch nur eine koordinative Verbindung mit ihnen zu haben. Die Bürgerbeteiligung war somit ein gewissermaßen „introvertierter“ Vorgang, der zwar – von den subjektiven Wünschen der Beteiligten her gesehen – durchaus mit Effektivitätserwartungen verbunden war, die jedoch im Verfahren selbst keine Absicherung fanden und die somit ausschließlich auf das „Prinzip Hoffnung“ bauen konnten. Dieses war jedoch nicht geeignet, die unter den Teilnehmern bestehende Ungewissheit und Unsicherheit bezüglich eines Erfolgs ihres Vorgehens abzubauen und für außenstehende Bürger nennenswerte Attraktivität zu entfalten.[10] Ängste und gegenseitiges Misstrauen zwischen Bürgern, politischen Akteuren und der Verwaltung konnten durch ein solches Vorgehen allenfalls im Ausnahmefall abgebaut werden. Die Spirale ineinander verhakter, sich gegenseitig hochschaukelnder „Self-fulfilling prophecies“, die wir abkürzend als „Teufelskreis“ charakterisiert und in den Mittelpunkt unserer Problemdiagnose gerückt hatten, konnte auf diesem Wege nicht ernsthaft angegangen werden. Der Bürgerbeteiligung haftete von daher eine „idealistische“ (oder auch „utopische“) Note an, die bei „Realisten“ kaum als ernstzunehmendes Programm verfangen konnte.

Demgegenüber haben wir inzwischen – in deutlicher Absetzung hiervon – für die Programmatik eines „kooperativen“ Vorgehens optiert, dessen charakteristisches Merkmal darin besteht, dass *die Entscheider als Akteure* in das Bürgerbeteiligungskonzept einbezogen werden, wobei das Bürgerbeteiligungskonzept und das bei der Bearbeitung von öffentlichen Vorhaben gehandhabte Verfahren in eine unmittelbare, operationale Abstimmungen und Zuordnungen ermöglichende Beziehung gebracht werden. Wir ergänzten diesen Grundsatz dadurch, dass wir von der Notwendigkeit der Gewährleistung eines „Win-Win-Win-Prinzips“ sprachen. Gemeint ist hiermit, dass alle Beteiligten – die Bürger wie auch die politischen und administrativen Entscheider – in der Lage sein müssen, ein unmittelbares Interesse an der Bürgerbeteiligung zu entwickeln, sich von ihrer Förderung „etwas zu versprechen“ und deshalb auch zu ihren engagierten Mitträgern zu werden.

Wir ergänzen diese Feststellung durch den Hinweis, dass das Win-Win-Win-Prinzip nicht bereits dann gewährleistet ist, wenn sich Entscheider einen idealistischen „Ruck“ geben und sich zu einem „bürgerfreundlichen“ Einstellungs- und Rollenwandel entschließen, mit dem sie ihr bisher gewohntes Rollenverständnis verabschieden. Auf der Grundlage unseres

10 Mündlichen Mitteilungen beteiligter Akteure zufolge liegt der durchschnittliche Mobilisierungserfolg bei der Einwerbung von Bürgern für die Beteiligung an Planungszellen bei ca. fünf bis maximal zehn Prozent der im Wege einer repräsentativen Rekrutierungsbefragung Angesprochenen.

„realistischen" Ansatzes gehen wir vielmehr davon aus, dass es bei der Herstellung des von uns gemeinten Win-Win-Win-Prinzips gerade umgekehrt darum gehen muss, die Entscheider auf der Grundlage des bei ihnen mehrheitlich vorhandenen Rollenverständnisses für die Bürgerbeteiligung zu gewinnen. Wir schließen dabei allerdings Fälle extremer „Machtbesessenheit" oder „Machtverliebtheit" aus und gehen von einem *„rationalitätsfähigen" Entscheidertypus* aus, der in der Lage ist, die Bedingungen eines nachhaltig erfolgreichen Rollenverhaltens nüchtern und professionell einzuschätzen.

Angesichts der von uns diagnostizierten Misstrauensspirale haben wir jedoch in Rechnung zu stellen, dass nicht nur bei den Bürgern, sondern auch bei großen Teilen der kommunalen Entscheider negative Annahmen hinsichtlich der Interessen und Bereitschaften der jeweils „anderen Seite" vorhanden sind. Diese negativen Annahmen gipfeln bei den kommunalen Entscheidern in der verbreiteten Unterstellung, zahlreiche Bürger würden sich gar nicht wirklich beteiligen wollen, denn die Menschen hätten heute keinen Gemeinsinn mehr (vgl. hierzu Abbildung 2 oben). Ergänzend wird häufig argumentiert, die Bürger seien mehrheitlich von ihrem Wissens- und Fähigkeitsstand her gesehen nicht in der Lage, den Anforderungen einer produktiven Mitwirkung an den im öffentlichen Raum anfallenden komplexen Sachentscheidungen nachzukommen. In Folge dessen sei eine verstärkte Bürgermitwirkung unweigerlich mit einer Verschlechterung der öffentlichen Leistungen verbunden, die – gerade auch im wohlverstandenen Interesse der Bürger selbst – nicht verantwortet werden könne. Einwände gegen die Bürgerbeteiligung, auf die man bei Gesprächen mit Entscheider in der kommunalen Politik und Verwaltung stoßen kann, lauten dementsprechend vielfach wie folgt:

> „Bei der Bürgerbeteiligung kommen nur die ‚üblichen Verdächtigen' zur Geltung"
> „Bürgerbeteiligung bringt nichts"
> „Bürgerbeteiligung verursacht Mehrkosten und zusätzliche Arbeitsbelastung"
> „Die Bürgerinnen und Bürger sind an Bürgerbeteiligung nicht wirklich interessiert"
> „Bürgerbeteiligung begünstigt Minderheiten von „trouble makers", fördert Konfliktsituation und schwächt somit die durch die Wahl geschaffene demokratische Legitimationsbasis"

Das Eintreten für Bürgerbeteiligung muss sich dementsprechend mit dem glaubwürdig vertretenen Argument verbinden können, dass Bürgerbeteiligung nicht nur den Bürgern, sondern in gleichem Maße auch der Politik und der Verwaltung Vorteile bzw. Gewinne bringt.

Eine negativ ausfallende Antwort auf die Frage „Was haben gewählte kommunale Mandatsträger und Angehörige kommunaler Verwaltungen von der Bürgerbeteiligung?“ scheint für viele klar zu sein: Man handelt sich Ärger beim Streit mit schlecht Informierten ein, weiter aber auch nutzlosen Zeitaufwand bei ergebnislosen Debatten, verlängerte Arbeits- und Sitzungszeiten, verschlechterte Entscheidungsqualitäten, eine weitere Reduzierung der ohnehin knappen Freizeit, Ärger mit Ehefrau, Ehemann oder den Lebenspartnern, weniger Zeit für die eigenen Kinder, kurz: eine Verschlechterung der eignen Lebensqualität – und das alles wegen einer „Marotte“ des Zeitgeists und einiger weniger Besserwisser, die daraus Kapital zu schlagen versuchen.

Die unmittelbare Replik auf eine derartige Argumentation sollte nicht schwerfallen, denn Bürgerbeteiligung gibt es ja schon in vielen gar nicht mehr wegzudenkenden Formen. Was wären die Kommunen z.B. ohne die Mitwirkung von „sachverständigen Bürgern“ in Ausschüssen und Beiräten?

Die erste Antwort auf die gestellte Frage muss dementsprechend lauten: Es geht darum, das bisher noch brachliegende „Sozialkapital“ sehr vieler potenzieller „sachverständiger Bürger“ zu nutzen, die nur darauf warten, dass man für sie Verwendungen findet.

Bürgerbeteiligung bedeutet dementsprechend die Schaffung von Verwendungsmöglichkeiten für potenziell hochproduktive – aber kostenlose – bürgerliche Sachkompetenz zum Nutzen derjenigen Kommunen, die genügend Erfindungsgeist für innovative Maßnahmen einer in Richtung der Bürger öffnungsfähigen Organisationsentwicklung besitzen!

Natürlich ist damit die aufgeworfene Nutzenfrage aber noch nicht erledigt, denn nach den Ergebnissen zahlreicher repräsentativer Befragungen möchte die Mehrzahl der *Einwohner/innen* der Kommunen gern zu *„Bürger/innen“* werden mit Mitwirkungschancen bei den sie betreffenden öffentlichen Entscheidungen. So viele „sachverständige Bürger“ kann eine Kommune aber natürlich gar nicht verkraften, wenn sie nicht „aus allen Nähten platzen“ will. Was soll also mit all den Vielen tun? Und wozu? Ist es nicht besser, es dabei zu belassen, dass sie gelegentlich ihre „Wut“ ablassen, wenn ihnen etwas allzu sehr „gegen den Strich“ geht. Oder sollte man sie vielleicht sogar dabei unterstützen, indem man die Wut-Schleusen (lies: Quotenregelungen bei Bestimmungen über Bürgerbegehren und Bürgerentscheid) weiter aufmacht und dadurch der Wut den „Wind aus den Segeln“ nimmt?

Entdeckt man den Denkfehler, der in der letzteren Überlegung steckt, dann erkennt man, dass es einer zusätzlichen Antwort auf die gestellte

Frage bedarf: Bürgerbeteiligung für die „breite“ Öffentlichkeit? Geht das eigentlich und was hat man letztlich hiervon?

Die Antwort fällt leicht, sobald man sie zweiteilt: „Breite“ Bürgerbeteiligung hat für Kommunalpolitiker den eminenten Nutzen, dass sie ihnen einen massiven „Legitimitätsgewinn“ vermittelt: Menschen, die – gegebenenfalls unter Nutzung „niederschwelliger“ Beteiligungsinstrumente wie etwa des „Bürgerpanel“ – frühzeitig informiert werden und Gehör finden, wenn es Wichtiges zu entscheiden gibt, gewinnen das Gefühl, in das bisher so ferne und abweisende „Politiksystem“ unmittelbar einbezogen zu sein und Mitverantwortung zu tragen. Sie honorieren dies durch „Akzeptanzgewährung“ und letztlich durch Vertrauenszuweisung und das heißt u.a. auch durch vermehrte Wahlbeteiligung. Die „Zuschauerdemokratie“ der „Verdrossenen“ gehört dann der Vergangenheit an. Jeder Kommunalpolitiker, der aufrechter Demokrat ist, wird dies als einen unschätzbaren Gewinn bewerten.

Ähnlich einfach, wenn auch etwas anders, fällt die Antwort für die kommunale Verwaltung aus: Die erwähnten „niederschwelligen Beteiligungsinstrumente“ sind potenziell hervorragende Informationsmittel. Bei entsprechender Ausgestaltung kann man aus ihren Ergebnissen ableiten, wie die Wünsche, Interessen und Bedürfnisse in der Bevölkerung – und in ihren einzelnen Segmenten, Milieus und Gruppierungen – beschaffen sind, wie Pläne und Maßnahmenprogramme öffentlich bewertet (oder „evaluiert“) werden, welchen „public value“ man mit ihnen erzielen kann, wie hoch – auch bei Einsparplänen – die jeweiligen Akzeptanzbereitschaften sind und wo die Widerstände sitzen, wo Bürgerinnen und Bürger „der Schuh drückt“ und wie sich – bei knappen Mitteln – Lebensqualität optimieren lässt. Jeder öffentliche Administrator, der zu „aufgeklärtem“ Denken und Handeln in der Lage ist, kann nicht anders, als hier einen unschätzbaren Gewinn zu sehen und zu erkennen. Auf einer solchen Grundlage lassen sich sehr gezielt Beteiligungsinstrumente mit Mediationsqualität einsetzen, die einen direkten Zugang zu zukunftsplanerischen Gemeinsamkeiten erschließen.

Bürgerbeteiligung bedeutet so betrachtet also die Gewinnung von Planungssicherheit in Zeiten hoher Ungewissheit und Konfliktgefahr!

Zusammenfassend gesagt ist die Folgerung klar: Kommunalpolitiker, die ihre Chancen erkennen, müssen ihre Verwaltung drängen, Bürgerbeteiligung auf ihre Fahnen zu schreiben. Umgekehrt müssen rationale Administratoren bestrebt sein, zögerliche Politikerinnen und Politiker eines Besseren zu belehren. Jeder kann dabei seinen Nutzen verfolgen und dennoch entsteht – unter Einbeziehung des elementaren Nutzens für die Bürgerschaft – ein Gesamtnutzen, der das Gemeinwesen fördert.

Eine vertiefende Antwort auf die aufgeworfenen Frage lässt sich unter Bezugnahme auf Abbildung 3 geben, die wiedergibt, wie sich der Gesamtzusammenhang der Effekte der Bürgerbeteiligung unter Hervorhebung der Nutzenwirkungen für rational handelnde kommunale Entscheider modellhaft zusammenfassen lässt. Wie sich zeigt, eröffnet sich hierbei der Blick auf eine Mehrfachwirkung der Bürgerbeteiligung bei der Erfüllung der Win-Win-Win-Bedingung.

≡ Abb. 3: Erwartbare Mehrfachwirkung der Bürgerbeteiligung bei Unterstellung einer Win-Win-Win-Situation

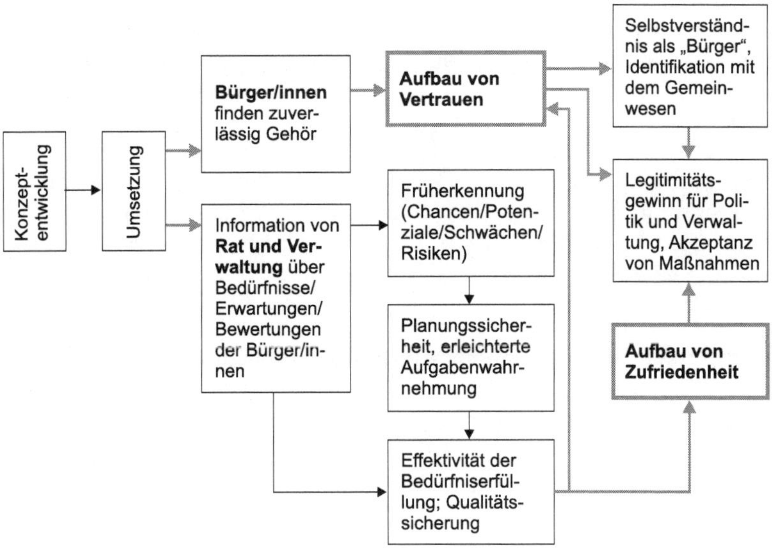

Eigene Darstellung

Man kann der – von links nach rechts zu lesenden – Abbildung entnehmen, dass Bürgerbeteiligung im Idealfall, d.h. im Fall der Gewährleistung der einbezogenen Effektivitätskriterien, eine *Doppelfunktion* erfüllen kann, mit der sie sowohl aus der Sicht der Bürger wie auch aus der Sicht der Entscheidungseliten einem breiten Spektrum von Effektivitätserwartungen gerecht werden kann. Zusammengefasst mag die Behauptung – mit Blick auf diesen Idealfall – nicht übertrieben sein, dass Bürgerbeteiligung einen konkreten Weg aus der Krise der Demokratie aufzeigt. Diese Erwartung legt sich insbesondere angesichts der Tatsache nahe, dass sich aus dem Modell Chancen für einen aus verschiedenen Quellen gespeisten und in der Gesamtwirkung kumulativen *Aufbau von Vertrauen* ablesen lassen, mit welchem sich der gegenwärtige „Teufelskreis“ einer wechselseitigen Misstrauensentwicklung im Verhältnis zwischen den Bürgern und den Entscheidungseliten in sein positives Gegenteil einer Spirale fortschreitender wechselseitiger Vertrauensentwicklung umkehren kann.

Dabei ist ein nicht zu vernachlässigender Nebeneffekt einer von den Entscheidungseliten aktiv mitgetragenen Bürgerbeteiligung, dass sie u.a. auch zum kumulativen Aufbau von *„Zufriedenheit“* der Bürger beitragen kann. Diese Tatsache ist insofern von Bedeutung, als zumindest in den Anfangsstadien einer institutionalisierten und verfahrensmäßig geregelten Bürgerbeteiligung, in denen die Mobilisierungswirkung des Verfahrens noch nicht voll greift, viele Bürger noch nicht unmittelbar erreicht und aktiv einbezogen werden können. Unter der Voraussetzung, dass die Ideen, Präferenzen, Meinungen, Wünsche, Problemwahrnehmungen und Erwartungen der jeweils betroffenen Bürgerschaft repräsentativ erfasst und im Entscheidungshandeln berücksichtigt wurden, können nichtsdestoweniger auch die am kooperativen Prozess nicht unmittelbar Beteiligten von Resultaten der Bürgerbeteiligung profitieren, die sich günstig auf ihre Situation und Befindlichkeit auswirken. Das Ergebnis ist dann auch bei vorerst Nichtbeteiligten, die zunächst gewissermaßen nur als „Trittbrettfahrer“ dabei sind, eine Steigerung der Zufriedenheit mit der Verwaltungsleistung und von daher mit hoher Wahrscheinlichkeit eine Verbesserung der Legitimitätsgrundlage der Entscheidungseliten und der Akzeptanz ihrer Entscheidungen und Angebote insgesamt.

3.3.5 Ergänzung: Erübrigung von Bürgerbegehren und Bürgerentscheiden durch systematische und verstetigte Bürgerbeteiligung

Wie sich aus den vorangegangenen Ausführungen ableiten lässt, ist die Herbeiführung einer Win-Win-Win-Konstellation nur unter der Bedingung möglich, dass einem kooperativen Grundkonzept gefolgt wird, das nicht auf Konfliktförderung und -austragung angelegt ist.

Dies bedeutet allerdings keineswegs die bedingungslose Ablehnung konfliktorientierter Konzepte von Beteiligung. Im Gegenteil trägt – „realistisch“ gesehen – die ständige Präsenz des „Drohpotenzials“ einer Stuttgart-21-Situation, aber auch eines Bürgerbegehrens bzw. eines Bürgerentscheids dazu bei, „rational“ nicht ohne weiteres ansprechbarer Entscheider zu einer verstärkten Berücksichtigung bürgerschaftlicher Positionen zu bewegen. Angesichts der aktuellen mentalen Verfassung vieler Entscheider kann dem Argument, dass Bürgerbeteiligung Bürgerbegehren und

Bürgerentscheide zu erübrigen vermag, wahrscheinlich sogar ein entscheidender Türöffner-Effekt zugerechnet werden.

In diesem Zusammenhang vermag das nachfolgende, aus der Heidelberger Stadtverwaltung und somit aus einem praktisch gelagerten Bewertungszusammenhang heraus entwickelte Schaubild eine aufschlussreiche Einsicht zu vermitteln (vgl. Abb. 4).

≡ Abb. 4: Mitgestaltende Bürgerbeteiligung als Konflikte erübrigende neue Arbeitsweise

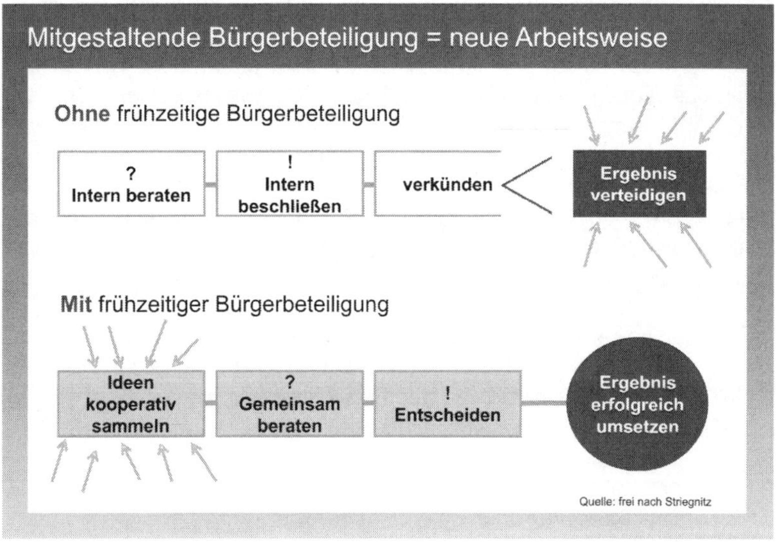

Quelle: Stadt Heidelberg. Amt für Stadtentwicklung und Statistik

Von Bedeutung ist in diesem Zusammenhang die Entkräftung der gegenwärtig noch verbreiteten Annahme, dass Bürgerbegehren und Bürgerentscheide seltene Ereignisse sind, die man bei Überlegungen über die zukünftige Gestaltung der kommunalen Politik nicht ernsthaft in Betracht zu ziehen braucht. Zwar trifft diese Seltenheitsannahme – empirisch betrachtet – unter den gegenwärtig gegebenen Bedingungen zu: Auf der Grundlage einer sorgfältigen Untersuchung der Faktenlage stellten Gabriel und Walter-Rogg (2006) fest, dass „zwischen 1956 und 2005 in sämtlichen 13.825 kommunalen Gebietskörperschaften der Bundessrepublik lediglich 2.846 Bürgerbegehren“ stattfanden. Entsprechend schließen sie ihre Untersuchungen mit der Schlussfolgerung, dass die Einrichtungen der direkten Demokratie im kommunalen Willensbildungs- und Entscheidungsprozess keine große Rolle spielen. Andererseits konnte Volker Mittendorf (Mittendorf 2008, S. 98) aufgrund einer eingehenden Untersuchung der Wirkung unterschiedlicher Gestaltungen der institutionellen Designs von Bürgerbegehren und Bürgerentscheiden jedoch feststellen, dass die Einleitungshäufigkeit beider Verfahren „stark auf die Höhe der Einleitungsquoren sowie thematische Restriktionen reagiert." Geht man davon aus, dass die gegenwärtig in einigen Bundesländern erkennbaren Initiativen zur Überarbeitung der Gemeindeordnungen einen deutlichen Schwerpunkt bei einer liberaleren Gestaltung der Quotenregelungen für die Einleitung von Bürgerbegehren und Bürgerentscheiden haben, dann kann man somit für die Zukunft durchaus eine Tendenz zur Vermehrung der Anlässe für die Anwendung dieser direktdemokratischen Verfahren und der mit ihnen verbundenen streitigen Austragung von Konfliktsituationen im kommunalen Raum erwarten.

Für die Bürgerbeteiligung, deren erfolgreiche Praktizierung mit Sicherheit eine Absenkung der Wahrscheinlichkeit von Bürgerbegehren und Bürgerentscheiden mit sich bringt, bedeutet diese Zukunftsperspektive eine nicht unwesentliche Argumentationshilfe. Programmatisch lässt sich nämlich sagen: Je weniger in einer Kommune in Zukunft beim Auftreten von Interessenspannungen und -gegensätzen auf vorhandene Regelungen zur Bürgerbeteiligung zurückgegriffen werden kann, die eine kooperative Lösung solcher Probleme ermöglichen, desto mehr werden die Bürger und Bürgerinnen zwangsläufig ihre Zuflucht bei Verfahren suchen müssen, die eine ungefilterte Konfliktaustragung als ultima ratio gestatten und die gewissermaßen den Ring für eine Kampfsituation freigeben, in welcher das Recht des Stärkeren dominiert, gegebenenfalls ohne Rücksicht auf die unter Umständen bleibenden Blessuren, welche die unterlegene Seite davonträgt.

4 Praxisbeispiel: Der Leitfaden für mitgestaltende Bürgerbeteiligung in der Stadt Heidelberg

Bei den bisherigen Ausführungen ging es um zentrale Gestaltungsmerkmale eines systematischen und auf Verstetigung angelegten Konzeptes kommunaler Bürgerbeteiligung, um unter den Bedingungen des „Teufelskreises" wechselseitigen Misstrauens realistisch und damit letztlich auch erfolgreich zu sein. Um zu zeigen, dass es sich bei den bisherigen Überlegungen nicht nur um abstrakte und theoriegeleitete Ausführungen über zukünftige Bürgerbeteiligung handelt, stellen wir in diesem Kapitel am Beispiel der Stadt Heidelberg vor, wie ein entsprechendes Konzept praktisch umgesetzt werden kann. Dabei bedanken wir uns gleichzeitig bei vielen an diesem Prozess Beteiligten für konstruktive und weiterführende Anregungen in der praktischen Umsetzung.

4.1 Der Prozess der Entwicklung von Leitlinien für Bürgerbeteiligung

Im Frühjahr 2011 beschloss der Heidelberger Gemeinderat, ein „trialogisches" Gremium aus Bürgervertretern, Gemeinderatsmitgliedern und Verwaltungsangehörigen einzusetzen, um in einem kooperativen Prozess Regeln bzw. „Leitlinien" für eine verbindliche und damit für alle Seiten befriedigendere Bürgerbeteiligung zu entwickeln. Initiator der Initiative war der Oberbürgermeister der Stadt, der sich dafür entschied u.a. als Reaktion auf einen stark politisierten Bürgerentscheid und vor dem Hintergrund, dass der Gemeinderat in Heidelberg stark fragmentiert ist, was häufig zu langwierigen, schwierigen Mehrheitsfindungsprozessen führt.

Die wissenschaftliche Begleitung des Prozesses lag bei den Autoren dieses Buches, die von einem professionellen Moderator unterstützt wurden. Die Auswahl der an dem trialogischen Gremium beteiligten Mitglieder erfolgte nicht durch Selbstselektion. Vielmehr wurden von Seiten der Verwaltung vier Mitarbeiter/innen benannt, die mit dem Thema Bürgerbeteiligung bereits näher vertraut waren. Von Bedeutung war dabei u.a. die Beteiligung des Personalamtes durch ihren Leiter, um in der langfristigen Perspektive die Motivation der Mitarbeiterinnen und Mitarbeiter bei der Umsetzung der Leitlinien stets im Auge zu behalten. Von Seiten des Gemeinderats einigten sich die Fraktionen auf vier Vertreterinnen und Vertreter der verschiedenen politischen Richtungen. Für die Bürgerschaft wurden Vertreter aus fünf wichtigen zivilgesellschaftlichen Gruppen in den Prozess eingebunden (Kirchen, Sportvereine, Bürgerinitiativen, Bürgerstiftung und Stadtteilvereine).

Die Dauer des Prozesses von fast zwölf Monaten ist u.a. darauf zurückzuführen, dass es bis dato keine Vorlage für ein auf Dauer angelegtes, umfassendes und verbindliches Bürgerbeteiligungskonzept für eine Großstadt wie Heidelberg gab, auf das zurückgegriffen werden konnte. Ansätze für ein solches Konzept existierten zuvor nur für einige wenige kleinere Kommunen wie beispielsweise Weyarn (Bayern) oder Filderstadt (Baden-Württemberg), die als Ausgangspunkt für den Diskussionsprozess in Heidelberg dienten. Geplant war es, in sechs Arbeitsgruppensitzungen ein Leitlinienpapier zu entwickeln, das anschließend dem Gemeinderat vorgelegt werden sollte (vgl. Abb. 5).

Um eine möglichst große Transparenz des Leitlinienentwicklungsprozesses zu gewährleisten, waren die Arbeitsgruppensitzungen öffentlich. Sie begannen jeweils mit einer halbstündigen Fragerunde der anwesenden Bürgerinnen und Bürger. Die Einladungen zu den Sitzungen sowie die Tagesordnungen wurden vorab im Internet veröffentlicht, ebenso wie die Protokolle der vorhergehenden Sitzungen. Darüber hinaus konnten Anmerkungen der Bürgerschaft über eine E-Mail-Adresse auf der Homepage zum Leitlinienentwicklungsprozess direkt an die Stadtverwaltung geschickt werden, wovon allerdings so gut wie kein Gebrauch gemacht wurde.

≡ Abb. 5: Der Leitlinienentwicklungsprozess in der Stadt Heidelberg

1. Sitzung	Zielentwicklung, Diskussion der Ziele sowie Festlegung zentraler Gestaltungsmerkmale
2. Sitzung	Analyse und Bewertung vorliegender Beteiligungsmodelle; Einigung auf die für Heidelberg zentralen Gestaltungspunkte
3. Sitzung	Erarbeitung und Diskussion einzelner Gestaltungsmerkmale in Gruppenarbeit
4. Sitzung	Erarbeitung und Diskussion einzelner Gestaltungsmerkmale in Gruppenarbeit
5. Sitzung	Diskussion der Ergebnisse im Plenum
6. Sitzung	Verabschiedung der Leitlinien für Bürgerbeteiligung

Zur Erarbeitung der Zielvorstellungen wurden die drei am Prozess beteiligten Gruppen separat per Metaplantechnik zur Auflistung ihrer Vorstellungen gebeten. Bereits zu diesem Zeitpunkt wurde deutlich, dass der Prozess insgesamt länger dauern würde, um die anfänglich sehr verschiedenen Interessen in das Projekt einzubinden. Dementsprechend waren acht intensive Arbeitsgruppentreffen nötig sowie die Aufarbeitung spezieller Themenkomplexe in einzelnen Unterarbeitsgruppen.

Die Leitlinien selbst definieren, dass die Ergebnisse von Beteiligungsverfahren vor wichtigen Entscheidungsphasen ergänzend in einer breiteren Öffentlichkeit diskutiert werden sollen, um den Entscheidungsträgern ein breiteres Meinungsbild aus der Bevölkerung zum Beteiligungsergebnis zurück zu spiegeln. „Rückkoppelung" heißt dieser Schritt explizit in den Heidelberger Leitlinien. Um sich am eigenen Maßstab zu messen, wurde der Leitlinienentwurf diesem ersten Rückkoppelungsschritt unterzogen in Form einer breit angelegten, dreimonatigen Offenlegungsphase (Anfang März bis Ende Mai 2012) sowie ersten Erprobungsschritten in der Praxis. Für die Bürgerschaft gab es ausführliche Informationen im Heidelberger Stadtblatt. Im Internet wurde eine Online-Kommentierungsfunktion eingerichtet. Die Stadt lud zu zwei öffentlichen, gut besuchten Diskussionsveranstaltungen ein. Ebenso hielten die Mitglieder des Arbeitskreises Rücksprache mit zahlreichen bürgerschaftlichen Gruppen bzw. den Fraktionen des Gemeinderats, als deren Vertreter sie in den Arbeitskreis entsandt worden waren. Zahlreiche Bürgerinnen und Bürger äußerten sich positiv in dieser Diskussion zu den Leitlinien – insbesondere bezüglich der als „neu" empfundenen Informationspolitik der Verwaltung. Allerdings waren auch kritische Stimmen zu hören, vor allem mit der Forderung nach mehr „direkter Demokratie". Da mitgestaltende Bürgerbeteiligung jedoch dezidiert nicht die Übertragung von Entscheidungskompetenzen vom Gemeinderat an die Bürgerschaft im Sinne von mehr Bürgerentscheiden bedeutet, wurde diese Forderung nicht weiter verfolgt.

Innerhalb der Verwaltung war das Interesse an den neuen Leitlinien ebenso groß – wenn nicht gar größer: Deutlich geäußert wurden Ängste vor Zeitverzögerungen und vor Mehrarbeit. Um diesen Ängsten zu begegnen, wurde bereits in dieser Phase mit Mitarbeiterschulungen begonnen, die sich den Themen „Bürgerbeteiligung" und „Leitlinien" widmeten. Die Mitarbeiterzeitung informierte ausführlich über die zentralen Aspekte der Beteiligungsleitlinien und die verwaltungsinterne Projektgruppe „Bürgerbeteiligung" sammelte weitere Rückmeldungen.

Drei Monate später lagen über 140 Einzelkommentare vor. Sie wurden von der Koordinierungsstelle Bürgerbeteiligung gesammelt, systematisiert, dokumentiert und von der Leitung des Arbeitskreises verarbeitet.

Unter anderem wurden dabei zwei zentrale Kritikpunkte aufgegriffen: Ein wunder Punkt der bisherigen Leitlinien betraf ihre Verständlichkeit. Die Leitlinien regeln Bürgerbeteiligung sehr detailliert für unterschiedliche Kompetenzbereiche: die des Gemeinderats und die des Oberbürgermeisters. Diese Detailliertheit ist wichtig. Sie macht die Leitlinien jedoch kompliziert und schwer lesbar. Aus diesem Grund liegt mittlerweile auch eine bürgerfreundliche Variante der Leitlinien vor, die die Beteiligungswege und -abläufe verständlich und knapp darlegt. Zweitens wurde von Seiten der Bürgerschaft die Regelung von Bürgerbeteiligung bei der Erstellung vorhabenbezogener Bebauungspläne als noch unzureichend empfunden. Hier waren in der Vergangenheit häufig Proteste aufgeflammt. Intensive Bemühungen von Seiten der Koordinierungsstelle Bürgerbeteiligung und des Baurechtsamtes trugen in Folge der Offenlegung zu einer Präzisierung dieses Punktes bei. Die abschließende Fassung der Leitlinien wurde vom Heidelberger Gemeinderat verabschiedet und ist seit Sommer 2012 in Kraft. Im Einzelnen umfassen die Leitlinien nun vier Dokumente[1]:

a. ein Grundsatzpapier zu den Leitlinien für Bürgerbeteiligung,
b. eine Verwaltungsvorschrift über Verfahrensregeln für Bürgerbeteiligung bei Vorhaben im Zuständigkeitsbereich des Oberbürgermeisters,
c. eine Satzung über Verfahrensregeln für Bürgerbeteiligung im Zuständigkeitsbereich des Gemeinderates sowie
d. eine bürgerfreundliche Kurzvariante mit den wichtigsten Festlegungen, wie Bürgerbeteiligung von Seiten der Bürgerschaft angeregt werden kann und welche Regeln für den weiteren Prozess verbindlich sind.

Während das Grundsatzpapier sehr umfassend ist, konzentrieren sich sowohl die Verwaltungsvorschrift als auch die Satzung auf die für die jeweiligen Zielgruppen maßgeblichen Aspekte von Bürgerbeteiligung. Beide Dokumente tragen dazu bei, die Umsetzung der Beteiligungsleitlinien zu fördern und die Ernsthaftigkeit ihrer Anwendung zu unterstreichen. Sie binden die zentralen Akteure in Rat und Verwaltung und tragen so zur Verstetigung von Bürgerbeteiligung bei.

---

1 Vgl. http://www.heidelberg.de/servlet/PB/show/1227274/12_pdf_Buergerbeteiligung_LeitlinienEnd.pdf. Die Informationsbroschüre für die Bürger kann abgerufen werden unter: http://www.heidelberg.de/servlet/PB/show/1230033/12_pdf_StadtHD_Brosch%FCre_B%FCrgerbeteiligung.pdf

4.2 Wesentliche Gestaltungsmerkmale der Leitlinien für Bürgerbeteiligung der Stadt Heidelberg

Von Beginn an stand fest, dass die Leitlinien für Bürgerbeteiligung einen möglichst umfassenden Geltungsbereich haben sollten: Ihre Grundsätze und Regeln sollten unabhängig davon gelten, ob Projekte zum Zuständigkeitsbereich des Gemeinderats oder zum Zuständigkeitsbereich des Oberbürgermeisters gehören. Eine intensive Diskussion mit dem Rechtsamt der Stadt war unumgänglich. Die Gespräche erwiesen sich jedoch als konstruktiv. Neben den gesetzlich geregelten Formen der Bürgerbeteiligung ermöglichen die Leitlinien nun explizit

Bürgerbeteiligung an Vorhaben im Zuständigkeitsbereich des Gemeinderats (vgl. § 24 Abs. 1 GemO Baden-Württemberg) mit Ausnahme der inneren Organisation der Gemeindeverwaltung, der Rechtsverhältnisse der Gemeinderäte, des Bürgermeisters und der Gemeindebediensteten, der Feststellung der Jahresrechnung der Gemeinde und der Jahresabschlüsse der Eigenbetriebe sowie der Entscheidung in Rechtsmittelverfahren (vgl. § 21 Abs. 2 Nr. 2, 3, 5, 7 GemO Baden-Württemberg). Für die verbindliche Bauleitplanung ist Bürgerbeteiligung im Sinne dieser Leitlinien möglich, falls die Vorschriften des Baugesetzbuches, die Bürgerbeteiligung gesetzlich vorsehen, dem nicht entgegenstehen. Baugenehmigungsverfahren können nicht Gegenstand von Bürgerbeteiligung sein. Dementsprechend können Bauvorhaben privater Investoren nur dann Gegenstand von Bürgerbeteiligung sein, wenn deren Genehmigung von der Aufstellung eines neuen Bebauungsplans abhängig ist.

Bürgerbeteiligung an Vorhaben im Zuständigkeitsbereich des Oberbürgermeisters, soweit sie sich auf Aufgaben bezieht, die dem Oberbürgermeister vom Gemeinderat übertragen wurden bzw. es sich um Aufgaben der laufenden Verwaltung handelt. Ausgenommen sind die innere Organisation der Gemeindeverwaltung sowie die Rechtsverhältnisse der Gemeinderäte, des Bürgermeisters und der Gemeindebediensteten (Angelegenheiten nach § 21 Abs. 2 Nr. 2, 3 GemO Baden-Württemberg). Bei den Pflichtaufgaben nach Weisung (Weisungsaufgaben) wird dem Oberbürgermeister empfohlen, die Möglichkeit von Bürgerbeteiligung im Sinne dieser Leitlinien zu prüfen und gegebenenfalls zu nutzen.

Bürgerbeteiligung bei rechtlich selbständigen Einrichtungen mit Vertreterinnen und Vertretern der Stadt. Hier sollen der Gemeinderat und der Oberbürgermeister über die Weisungserteilung an Vertreterinnen und Vertreter der Stadt in den jeweiligen Organen auf Bürgerbeteiligung im Sinne dieser Leitlinien hinwirken, soweit dies gesellschaftsrechtlich möglich ist. Bei neu entstehenden rechtlich selbständigen Einrichtungen sollen die

Vertreterinnen und Vertreter der Stadt außerdem – soweit rechtlich möglich – bei den Verhandlungen des Gesellschaftsvertrags auf die Aufnahme von Bürgerbeteiligung im Sinne dieser Leitlinien in diesen Verträgen hinwirken.

Ein wesentliches Ziel der Leitlinien für Bürgerbeteiligung ist die Stärkung des gegenseitigen Verständnisses und Vertrauens zwischen Bürgerschaft, Politik und Verwaltung. Beides entsteht auf der Basis von „Verbindlichkeit", die durch die explizite Formulierung von Regeln zum Umgang miteinander gewährleistet und durch die Verabschiedung einer ergänzenden Verwaltungsvorschrift sowie einer ergänzenden Satzung unterstrichen wird.

Die Leitlinien regeln folgende Aspekte im Detail, die in den folgenden Abschnitten näher ausgeführt werden:

a. die frühzeitige und umfassende Information der Öffentlichkeit über die Vorhabenliste,
b. das Zustandekommen von Bürgerbeteiligung von verschiedenen Seiten,
c. die kooperative Planung und Ausgestaltung des Beteiligungskonzeptes, inklusive
    - der Beschreibung des Beteiligungsgegenstands (Arbeitsauftrag)
    - der Prozessplanung (gegebenenfalls mehrphasig)
    - der Wahl der Methoden in Abhängigkeit von der jeweiligen Anforderung
    - der Auswahl der zu Beteiligenden
    - der Festlegung des Rückkoppelungsverfahrens zur aktiven Rücksichtnahme auf weniger artikulationsstarke Interessen in der Stadtbevölkerung
    - der Bestimmung der Evaluationskriterien
    - der Erarbeitung eines Zeitplans und einer Kostenschätzung,
d. die Durchführung, abschließende Entscheidungsfindung und -begründung,
e. die Verbindlichkeiten von Beteiligungsprozessen und Beteiligungsergebnissen,
f. die kontinuierliche Evaluation der Bürgerbeteiligung und Weiterentwicklung der Leitlinien.

Um die Umsetzung der Leitlinien zu unterstützen, wurde vom Oberbürgermeister eine Koordinierungsstelle für Bürgerbeteiligung (mit entsprechendem Budget) eingerichtet. Sie berät die Bürgerinnen und Bürger ebenso wie die Fachämter, steht ihnen mit Expertise und Information zur

Seite, hilft bei der Entwicklung der Beteiligungskonzepte mit und unterstützt den gegenseitigen Informationsaustausch.

Die oben genannten Aspekte, die nach den Heidelberger Leitlinien wesentlich sind für die Gewährleistung und Umsetzung einer systematischen und verlässlichen Bürgerbeteiligung, sind in Abbildung 6 noch einmal im Prozessablauf überblicksartig zusammengestellt.

a. Frühzeitige und umfassende Information der Öffentlichkeit durch die Vorhabenliste

Bürgerinnen und Bürger beteiligen sich häufig erst, wenn ein Projekt in der Umsetzungsphase angekommen ist und kaum mehr Gestaltungsmöglichkeiten bestehen. Um Bürgerbeteiligung bereits in frühen Planungsphasen eines Projektes zu ermöglichen, in denen die Einflussmöglichkeit auf die Projektgestaltung noch groß ist, ist eine frühzeitige Information der Bürgerschaft über öffentliche Projekte notwendig. Dann ist Zeit vorhanden, in der sich in der Öffentlichkeit Interessen entwickeln und artikulie-

Abb. 6: Ablauf mitgestaltender Bürgerbeteiligung in der Stadt Heidelberg

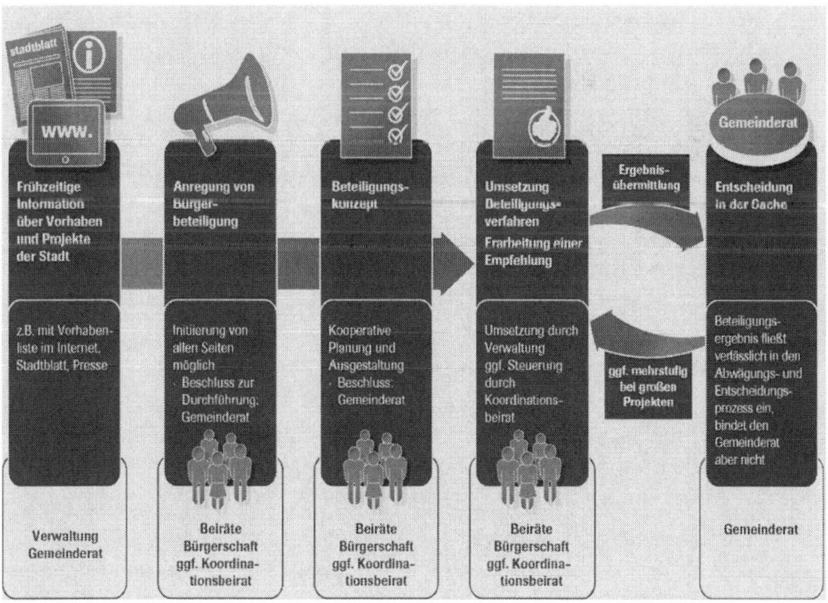

Quelle: Stadt Heidelberg. Amt für Statistik und Stadtentwicklung

ren können. Wichtig ist, dass die Information der Öffentlichkeit so früh wie möglich erfolgt, d.h. ohne dass bereits wesentliche Entscheidungen getroffen wurden. Nur unter dieser Bedingung können die Interessen der Bürgerschaft „rechtzeitig“ in die entsprechenden Planungen einfließen. Nur dann ist auch die Frage eines „Ob“ noch diskutierbar.

In Heidelberg erfolgt die frühzeitige Information über die Bereitstellung einer „Vorhabenliste“ (vgl. http://www.heidelberg.de/servlet/PB/menu/1229070/index.html). Sie wird von der Verwaltung in Abstimmung mit dem Gemeinderat veröffentlicht – in der Regel spätestens drei Monate vor der Erstberatung im Bezirksbeirat bzw. in einem gemeinderätlichen Gremium. Sie gibt Auskunft über städtische Projekte, bei denen das Interesse vieler Bürgerinnen und Bürger angenommen werden kann, und wird fortlaufend aktualisiert.

In der Vorhabenliste sind beabsichtigte Vorhaben aufgeführt, bei denen das Interesse vieler Bürgerinnen und Bürgern unterstellt wird und/oder von denen eine Vielzahl von Bürgerinnen und Bürgern betroffen ist. Dies gilt für gesamtstädtische und stadtteilbezogene Vorhaben. Verantwortlich für die Bereitstellung der Informationen sind die jeweiligen Fachämter. Die Projektinformationen sind nach räumlicher Lage und Sachgebieten gegliedert und umfassen maximal eine DIN A 4-Seite. Dazu gehören eine Kurzbeschreibung des Projekts einschließlich seiner räumlichen Erstreckung, seine voraussichtliche Bearbeitungsdauer, die mit dem Projekt verfolgte Zielsetzung, den erwarteten Beitrag zur Problemlösung bzw. zur Verbesserung der städtischen Lebensqualität, die zu erwartenden Kosten (soweit bekannt) sowie Informationen über die voraussichtlich betroffenen Teile der Bürgerschaft. Außerdem ist festgehalten, ob Bürgerbeteiligung von Seiten der Verwaltung beabsichtigt ist, wie sie gegebenenfalls stattfinden soll bzw. bereits stattfindet, und wie der aktuelle Bearbeitungsstand des Projekts in den städtischen Gremien ist. Zur Identifikation entsprechender Projekte können die Mitarbeiterinnen und Mitarbeiter der Fachämter zurückgreifen auf

- die verabschiedeten Haushaltspläne
- die mittelfristige Finanzplanung
- Aufträge des Gemeinderats an die Verwaltung
- von der Verwaltung selbst entwickelte Vorhaben oder
- Aufstellungsbeschlüsse für Bebauungsplanverfahren.

Auch Vorhaben im Zuständigkeitsbereich des Oberbürgermeisters, bei denen ein breites öffentliches Interesse unterstellt werden kann oder bei denen Bürgerbeteiligung vorgesehen ist, sollen veröffentlicht werden, sobald die Verwaltung eine grundsätzliche Entscheidung über die Durchführung des Projekts getroffen hat.

b. Zustandekommen von Bürgerbeteiligung von verschiedenen Seiten

Ein zweiter wesentlicher Aspekt der Leitlinien ist, dass Bürgerbeteiligung von verschiedenen Seiten aus – möglichst niederschwellig – angeregt werden kann. Nach der Gemeindeordnung Baden-Württembergs kann Bürgerbeteiligung bereits heute von Seiten der Bürgerschaft angeregt werden – allerdings mit unrealistisch hohen Hürden. Die Heidelberger Leitlinien definieren deshalb ergänzende Möglichkeiten, wie die Bürger von sich aus zusätzliche Beteiligungswünsche anmelden können, so z.B. über die Einbringung einer Unterschriftenliste, über die Bezirksbeiräte, über den Jugendgemeinderat oder über den Ausländer- und Migrationsbeirat. Darüber hinaus kann jedoch auch die Verwaltung selbst wichtiger Impulsgeber für Bürgerbeteiligungsprojekte sein, ebenso wie der Gemeinderat, von dem – im eigenen Interesse – verstärkt Bürgerbeteiligungsprozesse angestoßen werden sollen. Für Angelegenheiten, die im Zuständigkeitsbereich des Gemeinderats liegen, gilt Folgendes:

(1) Anregungen von Seiten der Bürgerschaft

Anregungen von Seiten der Bürgerschaft oder aus bürgerschaftlichen Gruppierungen (Vereine, Initiativen u.a.) können formlos erfolgen, indem sich Bürgerinnen oder Bürger mit einem Beteiligungsanliegen direkt an die Verwaltung (Fachamt oder Koordinierungsstelle), an Mitglieder des Gemeinderats, der Bezirksbeiräte, des Jugendgemeinderats, des Ausländer-/Migrationsrats oder des Beirats für Menschen mit Behinderung wenden.

Einen zweiten Weg, Bürgerbeteiligung an Projekten im Vorhabenbereich des Gemeinderats anzustoßen, stellt die formelle Anregung dar. Sie beginnt mit dem Sammeln von Unterschriften und der Anmeldung des Interesses bei der Koordinierungsstelle Bürgerbeteiligung. Mit der Anmeldung qualifizieren sich die Initiatoren als Ansprechpartner für Gemeinderat und Verwaltung unter Angabe des Namens (bzw. der beteiligten Organisation/en), der persönlichen Kontaktdaten des Sprechers bzw. der Sprecherin der Gruppe, der Bezeichnung des Vorhabens, bei dem Bürgerbeteiligung stattfinden soll, sowie der Beschreibung des Beteiligungsgegenstandes (was soll die zentrale Frage während des Beteiligungsprozesses sein?). Im zweiten Schritt erfolgt die Einreichung der Unterschriftenliste. Momentan ist festgelegt, dass bei mindestens 1.000 Unterschriften von Einwohnern ab 16 Jahren der Oberbürgermeister das Anliegen an den Gemeinderat weiterleitet, damit der Punkt durch ihn selbst oder den Gemeinderat auf die Tagesordnung der nächsten Sitzung gesetzt wird (vgl. § 43 Abs. 5 GemO und § 34 Abs. 1 Satz 4 GemO). Da es sich hierbei um eine „willkürliche“ Zahl von Unterschriften handelt, die sich im Leitlinienentwicklungsprozess als Kompromiss ergab, könnten hier theoretisch auch wesentlich niedrigere Grenzen festgelegt werden.[2]

(2) Anregungen von Seiten der Verwaltung

Bei großen Vorhaben, wegweisenden Zukunftsplanungen sowie bei Vorhaben, die vermutlich für die Bürgerinnen und Bürger der Gesamtstadt oder einzelner Stadtteile von besonderer Bedeutung sind, soll die Verwaltung von sich aus dem Gemeinderat Bürgerbeteiligung vorschlagen und im Budget entsprechend einplanen.

(3) Anregungen von Seiten der Bezirksbeiräte, des Jugendgemeinderats, des Ausländer-/Migrationsrats, des Beirats für Menschen mit Behinderung

Wird in einem dieser Gremien ein Beschluss gefasst, Bürgerbeteiligung zu einem Vorhaben der Stadt anzuregen, wird dies vom Oberbürgermeister an den Gemeinderat weitergeleitet, um durch ihn selbst oder den Gemeinderat auf die Tagesordnung der nächsten Sitzung gesetzt zu werden (vgl. § 43 Abs. 5 GemO und § 34 Abs. 1 Satz 4 GemO Baden-Württemberg).

(4) Anregungen von Vereinen, die sich für öffentliche Belange ihres Stadtteils einsetzen

Gemeinnützige Vereine, die seit mindestens fünf Jahren im Vereinsregister eingetragen und nach ihrer Satzung verpflichtet sind, sich für die öffentlichen Belange ihres Stadtteils einzusetzen, können durch einen Beschluss der Mitgliederversammlung Bürgerbeteiligung an einem Vorhaben in dem jeweiligen Stadtteil anregen. Dies wird vom Oberbürgermeister ebenfalls an den Gemeinderat weitergleitet, um durch ihn selbst oder den Gemeinderat auf die Tagesordnung der nächsten Sitzung gesetzt zu werden (vgl. § 43 Abs. 5 GemO und § 34 Abs. 1 Satz 4 GemO Baden-Württemberg).

---

2 Diese speziellen Regelungen gelten unabhängig vom Antragsrecht von Bürgern gem. § 20b GemO Baden-Württemberg. Danach werden Anträge mit den Unterschriften von mindestens 3.000 Bürgerinnen und Bürgern in jedem Fall auf die Tagesordnung des Gemeinderats gesetzt und von diesem behandelt. Ändern sich die einschlägigen Bestimmungen in der Gemeindeordnung, werden die Leitlinien in Heidelberg angepasst.

(5) Gemeinderat

Anträge auf Bürgerbeteiligung können selbstverständlich auch aus dem Gemeinderat kommen und von einem Viertel seiner Mitglieder auf die Tagesordnung gesetzt werden.

Unabhängig davon, von welcher Seite aus Bürgerbeteiligung angeregt wird, gilt, dass der Gemeinderat abschließend in öffentlicher Sitzung über die Einleitung von Bürgerbeteiligung entscheidet.

Bei Vorhaben im Zuständigkeitsbereich des Oberbürgermeisters soll die Verwaltung von sich aus prüfen, ob Bürgerbeteiligung sinnvoll ist, und dies gegebenenfalls bei der Budgetierung des Vorhabens einplanen. Darüber hinaus kann jedoch auch in diesen Fällen aus der Bürgerschaft, den Bezirksbeiräten, dem Jugendgemeinderat, dem Ausländerrat/Migrationsrat, dem Beirat für Menschen mit Behinderung und von bestimmten Vereinen Bürgerbeteiligung angeregt werden. Ansprechpartner sind hier die Fachämter oder die Koordinierungsstelle für Bürgerbeteiligung. Grundsätzlich entscheidet aber der Oberbürgermeister oder eine von ihm hierfür bestimmte Stelle, ob Bürgerbeteiligung stattfinden kann, nach welchem Beteiligungskonzept und in welchem Kostenrahmen.

Bei verbindlichen Bauleitplänen ist Bürgerbeteiligung gesetzlich vorgesehen und braucht bzw. kann deshalb nicht von der Bürgerschaft oder von anderer Stelle angeregt werden. Die Art und Weise ihrer Durchführung soll jedoch gemäß den Leitlinien für Bürgerbeteiligung erfolgen, soweit Vorschriften des Baugesetzbuches dem nicht entgegenstehen.

c. Kooperative Planung und Ausgestaltung des Beteiligungskonzeptes

Mit dem Beschluss des Gemeinderats bzw. des Oberbürgermeisters über das Zustandekommen von Bürgerbeteiligung beginnt die konkrete Planung des Beteiligungsprozesses. Die konkrete Ausgestaltung des Prozesses ist in der Regel abhängig von der jeweiligen Problemstellung. Deshalb sollte im Vorfeld eines jeden Projektes ein problemspezifisches Beteiligungskonzept beraten und entschieden werden. Ein Beteiligungskonzept soll auf das jeweilige Vorhaben zugeschnitten sein und in kooperativer Zusammenarbeit erarbeitet werden. Bei verbindlichen Bauleitplänen müssen u.a. hinsichtlich der Methodenwahl und der Auswahlverfahren zusätzlich die Vorgaben des Baugesetzbuches berücksichtigt werden. Es umfasst sieben Bausteine, auf die nachfolgend noch genauer eingegangen wird:

1. die Beschreibung des Beteiligungsgegenstands (Arbeitsauftrag)
2. die Prozessplanung (gegebenenfalls mehrphasig)
3. die Wahl der Methoden in Abhängigkeit von der jeweiligen Anforderung

4. die Auswahl der zu Beteiligenden
5. die Festlegung des Rückkoppelungsverfahrens zur aktiven Rücksichtnahme auf weniger artikulationsstarke Interessen in der Stadtbevölkerung
6. die Bestimmung der Evaluationskriterien
7. die Erarbeitung eines Zeitplans und einer Kostenschätzung.

Die Planungszuständigkeit für die Beteiligungskonzepte liegt grundsätzlich bei der Verwaltung. Da sich bezüglich einiger dieser Fragen häufig Konflikte entwickeln („Es waren die Falschen beteiligt!“; „Das Verfahren war nicht angemessen!“) erfolgt bereits die Entwicklung des Beteiligungskonzeptes kooperativ und transparent. Das heißt, die Entwicklung der Konzepte findet durch eine kleine Gruppe gemeinschaftlich statt, zu der sachverständige Vertreterinnen und Vertretern der Bürgerschaft, gegebenenfalls auch Investoren, hinzugezogen werden. Insgesamt soll die Verwaltung dabei darauf achten, dass

- das jeweilige Fachamt in einer möglichst frühen Phase eines Projektes die Bürgerschaft über die Vorhabenliste informiert,
- vor Projektbeginn die für ein Beteiligungskonzept relevanten Punkte angemessen definiert sind,
- sachverständige Vertreterinnen und Vertreter aus dem Stadtteil und/oder in der Sache aktiven Gruppierungen, Initiativen oder Vereinen (z.B. Anwohner, Stadtteil- oder Quartiersvereine, Bürgerinitiativen, besonders betroffene Bevölkerungsgruppen) zur gemeinsamen Beratung des Beteiligungskonzepts eingeladen werden, und
- Verbindlichkeit im Hinblick auf den Prozess und die Ergebnisse gewährleistet wird.

Unterstützt werden die Fachämter durch die Koordinierungsstelle für Bürgerbeteiligung, die bei der Planung mit ihrer Beteiligungs- und Methodenkompetenz als Berater fungiert. Kommt es bei der Planung des Beteiligungskonzepts zwischen der Verwaltung und den beteiligten Akteuren zu keiner Einigung, kann eine von allen akzeptierte sachverständige oder neutrale Person zur Beratung hinzugezogen werden. Bei größeren oder konfliktreichen Projekten kann der Gemeinderat zur Planung eines Beteiligungskonzeptes auch die Einrichtung eines projektbezogenen „Koordinationsbeirats“ beschließen, auf den dann die Planungszuständigkeit übergeht.

Wird zur Planung eines Beteiligungskonzeptes ein Koordinationsbeirat eingerichtet, entscheidet der Gemeinderat über die Zusammensetzung dieses Beirats. Der Beirat umfasst – je nach Projektgröße – nicht mehr als sechs bis zehn Personen. Bei seiner Zusammensetzung ist auf die folgenden Kriterien zu achten, damit eine kompetenzbasierte, effektive Arbeit möglich ist:

- Verwaltung und Bürgerschaft sollen in einem angemessenen Verhältnis vertreten sein. In der Regel sollen 40 Prozent der Mitglieder aus der Verwaltung (gegebenenfalls inkl. Investoren) und 40 Prozent der Mitglieder aus der Bürgerschaft kommen. 20 Prozent der Mitglieder sollen neutrale Personen sein, die entweder den Beirat als Sachverständige unterstützen oder die Sitzungsleitung übernehmen und auf die sich die Mitglieder der Verwaltung und der Bürgerschaft einigen.
- Die Interessenvielfalt der Bürgerschaft soll berücksichtigt werden, d.h. es sind auch Bürgerinnen und Bürger mit voneinander abweichenden Vorstellungen zu berufen.
- Falls eine Bürgergruppe mit mindestens 1.000 Unterschriften ein Beteiligungsverfahren angeregt hat, sollen die Mitglieder der Bürgerschaft nur aus dieser Bürgergruppe stammen. Die Bürgergruppe benennt geeignete Vertreterinnen und Vertreter.
- Falls mehrere Bürgergruppen mit mindestens 1.000 Unterschriften ein Beteiligungsverfahren angeregt haben, sollen die Mitglieder der Bürgerschaft anteilig nur aus diesen Bürgergruppen stammen. Die Bürgergruppen benennen jeweils geeignete Vertreterinnen und Vertreter.
- Bei der Auswahl der Mitglieder soll u.a. auf ihre Kompetenzen im Hinblick auf eine effiziente und zielführende Mitarbeit geachtet werden (hierzu können z.B. Methodenexpertise, Verfahrenskenntnisse oder Vertrautheit mit Einigungsprinzipien gehören, ebenso wie Kreativität oder Kontakte zu Bürger- bzw. Expertennetzwerken). Es soll auch darauf geachtet werden, dass die Gleichstellung von Frauen und Männern sowie eine angemessene Beteiligung von Menschen mit Migrationshintergrund gewährleistet ist.

Ist das Beteiligungskonzept entwickelt, entscheidet der Gemeinderat über die Umsetzung dieses Konzeptes. Er bestimmt damit auch die Frist, bis zu deren Ablauf spätestens ein Ergebnis vorliegen muss. Ebenso legt er einen Kostenrahmen fest. Bei Bürgerbeteiligung an Vorhaben im Zuständigkeitsbereich des Oberbürgermeisters entscheidet dieser bzw. eine von ihm betraute Stelle innerhalb der Verwaltung darüber, ob Bürgerbeteiligung durchgeführt und das Vorhaben in die Vorhabenliste eingetragen werden soll. Gleichzeitig wird damit der Kostenrahmen festgelegt und es wird die Frist bestimmt, bis zu deren Ablauf ein Ergebnis vorliegen muss.

Zu einem Beteiligungskonzept gehören im Einzelnen die folgenden Punkte:

(1) Beschreibung des Beteiligungsgegenstands (Arbeitsauftrag)

Das Gelingen eines Beteiligungsprozesses hängt wesentlich davon ab, dass sich alle Beteiligten von Beginn an über die Ziele des jeweiligen Prozesses und die vorhandenen Gestaltungsspielräume im Klaren sind. Durch die konkrete Beschreibung des Beteiligungsgegenstandes sowie des Beteiligungsspielraums werden die gemeinsamen Erwartungen an den Beteiligungsprozess geklärt und mögliche spätere Enttäuschungen vermieden.

(2) Prozessplanung (gegebenenfalls mehrphasig)

Planungs- und Entscheidungsprozesse sind vor allem bei größeren Projekten mehrstufig. Dasselbe muss für Bürgerbeteiligungsprozesse gelten. Das heißt, Beteiligung sollte ein Projekt über verschiedene Bearbeitungsphasen hinweg „prozesshaft" begleiten in Form einer engen Zusammenarbeit zwischen den relevanten Akteuren. Abbildung 7 zeigt modellhaft sechs Phasen eines typischen Verwaltungs-, Beratungs- und Entscheidungsverfahrens, unabhängig von der jeweiligen Aufgabenstellung. Dabei wird deutlich, wie ein mehrstufiger Planungs- und Entscheidungsprozess mit Bürgerbeteiligung prozesshaft verknüpft (integriert) werden kann, welche Aufgaben dabei der Verwaltung zukommen, wie Bürgerbeteiligung in diesem Zusammenhang aussehen und welche Rolle dem Gemeinderat als Entscheidungsinstanz in den jeweiligen Phasen zukommen kann.

In der Entdeckungsphase (1) gelangen Beteiligungswünsche von Bürgerinnen und Bürgern auf die politische oder administrative Agenda. Die „Entdeckung" eines Projektes kann durch die Verwaltung erfolgen, was häufig der Fall ist. Sie kann sich aber auch aus einer aktiven Zusammenarbeit zwischen Verwaltung und Zivilgesellschaft ergeben. Oder aber, es kann nur die Bürgerschaft sein, die einen Beteiligungswunsch an die Politik oder die Verwaltung heranträgt.

In der Vorbereitungsphase (2) werden die rechtlichen, ökonomischen und gesellschaftlichen Rahmenbedingungen eines möglichen Projektes vorgeklärt bzw. Informationen hierzu zusammengetragen. Noch wurde von der jeweils verantwortlichen Stelle nicht über die tatsächliche Durchführung des Projektes entschieden. Dennoch sollte bereits in dieser Phase über ein Beteiligungskonzept nachgedacht werden. Darüber hinaus ist bereits in dieser Phase die Einbeziehung der Bürgerschaft in Form der Information über das anstehende Projekt wichtig, über bestehende Ideen sowie die gesellschaftlichen, juristischen und ökonomischen Rahmenbedingungen. Den Beschluss über den Beteiligungsprozess trifft dann der Gemeinderat bzw. der (Ober-)Bürgermeister. Ist an dieser Stelle im Projekt bereits erkennbar, dass die Frage eines „Ob" oder „Ob nicht" im Zu-

Abb. 7: Phasenmodell für eine integrierte Projekt- und Beteiligungsplanung ≡

Phase	Aufgaben der Verwaltung	Möglichkeiten für Bürgerbeteiligung	Rolle des Gemeinderats
1. Entdeckungsphase	Anregung zur Durchführung eines kommunalen Projektes	Anregung zur Durchführung eines kommunalen Projektes	Anregung zur Durchführung eines kommunalen Projektes
2. Vorbereitungsphase	Vorklärung und Zusammenstellung der rechtlichen, gesellschaftlichen und ökonomischen Ausgangs- und Zielparameter für die Entscheidung über die Durchführung eines Projektes	Bürgerbeteiligung zur Information über ein Projekt oder zur Sammung von Ideen; ggfs. Beteiligung an der Vorbereitung des weiteren Beteiligungsprozesses	Abschließende Entscheidung über das Stattfinden von Bürgerbeteiligung zum jeweiligen Projekt
3. Phase der Alternativenentwicklung und -diskussion	Herausarbeitung von Interessen, Bedarfen, Zielvorstellungen, Bewertungskriterien und Alternativen; Entwicklung und Konkretisierung von Alternativen; Herausarbeiten einer Vorzugsvariante	Beteiligung an der Alternativenentwicklung und -bewertung, möglichst in einer breiteren Öffentlichkeit	Entscheidung über die Alternativen unter Berücksichtigung des Beteiligungsergebnisses
4. Detailplanung und Beauftragung zur Umsetzung	Konkretisierung der Vorzugsvariante; Erarbeitung einer Detailplanung; Erstellung einer Verwaltungsvorlage zur Entscheidung im Gemeinderat	Rückkoppelung mit der Bürgerschaft (möglichst breites Meinungsbild) als Entscheidungsgrundlage für den Rat	Beratung der Verwaltungsvorlage; Entscheidung über die Umsetzung unter Zugrundelegung der Beteiligungsergebnisse und Begründung der Entscheidung
5. Umsetzung	Umsetzung	Zu entscheiden in Abhängigkeit von der jeweiligen Aufgabenstellung; konkretes „Tätigwerden"	--
6. Evaluation	Prozessevaluierung	Teilnahme am Evaluierungsprozess z.B. durch Befragung der beteiligten Bürgerinnen und Bürger	Einfließen der Informationen bei weiteren Entscheidungsprozessen und der Überarbeitung der Beteiligungsrichtlinien

Eigene Darstellung

sammenhang mit der Durchführung des Projektes in Teilen der Bevölkerung bedeutsam werden könnte, sollten schon jetzt Überlegungen zu einem proaktiven Bürgerentscheid, der von Seiten der politischen Entscheidungsträger angeregt wird, angestellt werden.

In der Phase der Alternativenentwicklung und -diskussion (3) geht es um die Herausarbeitung von Interessen, Bedarfen, Zielvorstellungen, Bewertungskriterien und Alternativen. Wurden in Phase 2 bereits Teile der Bevölkerung zum Projekt kontaktiert und Interessen eingeholt, sollten diese Informationen nun in den Planungsprozess einfließen. In der Regel wird zum Abschluss dieser Phase eine Vorzugsvariante herausgearbeitet. Die Frage nach der geeigneten Beteiligungsmethode hängt erneut von der Aufgabenstellung (Beteiligungsgegenstand) ab. Sie sollte – ebenso wie die Frage nach den zu Beteiligenden – bereits zu Projektbeginn (gegebenenfalls vom Koordinationsbeirat) geklärt worden sein. Wichtig ist, dass den Entscheidungsträgern am Ende von Phase 3 ein repräsentatives bzw. differenziertes Bild über die Meinungen in der Bürgerschaft vorliegt, mit dessen Hilfe sie über die Vorzugsvariante entscheiden können. Ob an dieser Stelle ein vom Gemeinderat initiierter Bürgerentscheid erfolgen sollte, ist wiederum eine offene Frage, die von Fall zu Fall individuell beantwortet werden muss, vor allem wenn es um wegweisende gesamtstädtische Entscheidungen geht.

In Phase 4 geht es um die Konkretisierung und Detailplanung der Vorzugsvariante. Sie wird abschließend in Form einer Verwaltungsvorlage dem Gemeinderat zur Entscheidung über die endgültige Umsetzung vorgelegt. In dieser Phase sind die Interessen der beteiligten Akteure bekannt und die wesentlichen Projektentscheidungen festgelegt. Hier erfolgt Bürgerbeteiligung vor allem in Form der Einholung eines breiten Meinungsbildes in der Bevölkerung, das im Zuge der abschließenden Beratung im Gemeinderat als Entscheidungsgrundlage dient und auf Basis dessen der Gemeinderat in Form einer nachvollziehbaren „Rechenschaftslegung“ der Öffentlichkeit seine Entscheidung begründet.

In der Umsetzungsphase (5) kann Bürgerbeteiligung ebenfalls stattfinden in Form einer direkten Beteiligung von betroffenen, interessierten oder engagierten Bürgerinnen und Bürgern an der Erstellung des jeweiligen „Produktes“. Abgeschlossen wird das Projekt mit einer Evaluationsphase (6), für die die entsprechenden Kriterien bereits möglichst zu Beginn der Projekt- und Beteiligungsplanung festgelegt worden sind, und deren Ergebnisse in eine Gesamtevaluation der Beteiligungsregeln regelmäßig einfließen.

Bei der Entwicklung des Beteiligungskonzeptes erarbeiten die hierfür Verantwortlichen einen Beteiligungsprozessplan, der aufzeigt, welche der oben genannten Projektphasen durchlaufen werden und in welchen Phasen Bürgerbeteiligung mit welcher Zielsetzung (Beteiligungsgegenstand) stattfinden soll. Entscheidend ist eine möglichst frühzeitige Einbeziehung der Bürgerinnen und Bürger in den Prozessablauf. Außerdem muss sichergestellt sein, dass die Übertragung der jeweiligen Beteiligungsergebnisse in die nächstfolgende Projektphase erfolgt, um die Verbindlichkeit der Beteiligung über verschiedene Projektstufen hin zu gewährleisten. Wichtig ist schließlich auch, dass in jeder Projektphase diejenigen Beteiligungsmethoden zur Anwendung kommen, deren Leistungsprofil dem Anforderungsprofil der jeweiligen Aufgabenstellung am besten entsprechen. Das heißt, je nach Prozessphase müssen das gewünschte Ziel (z.B. die Sammlung von Ideen, die Bewertung von Alternativen, die Einholung eines repräsentativen Meinungsbildes oder die Lösung von Konflikten) und das damit verbundenen Anforderungsprofil definiert und eine Methode mit einem entsprechenden Leistungsprofil ausgewählt werden.

(3) Wahl der Methode in Abhängigkeit von der jeweiligen Leistungsanforderung

Für die Methodenwahl gilt, dass eine möglichst gute Übereinstimmung zwischen den Leistungsprofilen der jeweiligen Methoden und den Leistungsanforderungen in den jeweiligen Prozessphasen besteht. Solche Leistungsanforderungen können sein:

- die frühzeitige Ermittlung von Interessen in der Bevölkerung zur Information der Verwaltung und des Gemeinderats (z.B. durch repräsentative Umfragen, die gegebenenfalls durch aufsuchende Verfahren zur Einbeziehung beteiligungsferner Teile der Bevölkerung, wie z.B. die „aktivierende Befragung“, zu ergänzen sind),
- die Entwicklung kreativer Lösungen z.B. mit Hilfe von Arbeitsgruppen, Konsensuskonferenzen, Kreativworkshops, Open-Space-Konferenzen, Planungszellen, Projektgruppen, Workshops oder Zukunftswerkstätten,
- die Rückkoppelung von Beteiligungsergebnissen in eine breitere, möglichst „repräsentative“ Öffentlichkeit z.B. mit Hilfe von Bürgerpanel, Bürgerforen, Bürgerversammlungen oder
- die Lösung von Konflikten durch Mediation oder andere geeignete Verfahren wie z.B. Runde Tische.

Bei der Methodenwahl soll auf die in der Verwaltung bzw. im Koordinationsbeirat vorhandene Methodenkompetenz zurückgegriffen werden. Gleichzeitig kann externer beratender Sachverstand genutzt werden.

Grundsätzlich sollten bei der Wahl der Methoden das Kosten-Nutzen-Verhältnis und der Faktor „Zeit" beachtet werden.

(4) Auswahl der zu Beteiligenden

Grundsätzlich sollen sich alle interessierten Bürgerinnen und Bürger in den Beteiligungsprozessen engagieren können. Dennoch sind je nach Projektphase und Kontext manchmal aber auch Auswahlverfahren anzuwenden, zwischen denen im Einzelfall zu entscheiden ist. Die Auswahlverfahren können basieren auf

- der Zugrundelegung bestimmter Eigenschaften der zu beteiligenden Personen, wie Interessen, Betroffenheit, Kenntnisse, Kompetenzen oder Funktionen (z.B. der Fähigkeit, als Multiplikator zu wirken),
- einem Bewerbungsverfahren und der anschließenden Auswahl „per Los",
- der Zufallsauswahl (Referenzbeispiel: Planungszelle),
- einer Kombination der genannten Verfahren.

(5) Festlegung des Rückkoppelungsverfahrens zur aktiven Rücksichtnahme auf weniger artikulationsstarke Interessen in der Stadtbevölkerung

In der Regel ist immer nur eine beschränkte Anzahl von Personen in einem Beteiligungsprozess engagiert. Diese Personen werden häufig auch nicht repräsentativ ausgewählt. Vielmehr sind es häufig spezifische Gruppen (u.a. mit hoher Artikulationsstärke und Ressourcenausstattung), die sich überproportional stark beteiligen. Damit der Gemeinderat und die Verwaltung aber ein möglichst aussagekräftiges Bild über die Meinung der interessierten und betroffenen Bürgerinnen und Bürger gewinnen können, sollte vor wegweisenden Entscheidungen eine Rückkoppelung der Beteiligungsergebnisse in eine breitere Öffentlichkeit stattfinden.

Das Heidelberger Konzept hat an dieser Stelle ausdrücklich die Interessen des Gemeinderats und der Verwaltung an einem möglichst aussagekräftigen Meinungsbild im Auge vor dem Hintergrund, die Informationsgrundlage für Planungen und Entscheidungen zu verbessern. Dementsprechend sollte die Rückkoppelung nicht nur eine Information über die erzielten Ergebnisse, sondern auch eine Rückmeldechance einschließen, die im nachfolgenden Verfahrensablauf angemessen und nachvollziehbar berücksichtigt wird. Ausnahmen von der Rückkoppelungsregelung sollten nur dann bestehen, wenn bei der direkten Beteiligung Methoden verwendet werden, die ohnehin die Einbeziehung einer breiteren Öffentlichkeit ermöglichen, wie z.B. Bürgerforen mit Einladung repräsentativ ausgewählter Bürgerinnen und Bürger und einer zuverlässigen Protokollierung und Auswertung von Einzelmeinungen.

Wie und wann dieser Rückkoppelungsprozess stattfinden soll, ist ebenfalls bei der Planung des Beteiligungskonzeptes zu berücksichtigen, wobei die Wahl des Vorgehens immer mit einer Kosten-Nutzen-Abwägung einhergehen sollte.

(6) Bestimmung der Evaluationskriterien

Bürgerbeteiligungsprojekte sollen prozessbegleitend evaluiert werden, einerseits um den Grad der Mitgestaltung durch die Bürgerinnen und Bürger sichtbar und überprüfbar zu machen, andererseits um Prozesse optimieren zu können. Adressaten der Evaluation sind die am Prozess Beteiligten. Mit ihnen werden Evaluationsgespräche geführt. Ob die Evaluierung von der Koordinierungsstelle für Bürgerbeteiligung oder von sachverständigen externen Personen durchgeführt wird, ist bei der Erstellung des Beteiligungskonzepts zu entscheiden. Jedes Beteiligungskonzept enthält auch einen Vorschlag zu den Evaluationskriterien. Hierbei soll ein besonderes Augenmerk auf folgenden Fragen liegen:

- Welche Veränderungen hat das Bürgerbeteiligungsverfahren bewirkt?
- Welcher Mehrwert wurde durch das Verfahren gewonnen?
- In welchem Verhältnis stehen Mehrwert und eingesetzte Ressourcen zueinander (Effektivität und Effizienz)?
- War das Verfahren fair, d.h. konnten sich alle interessierten Bürgerinnen und Bürger gleichermaßen einbringen?
- Wurden während des Verfahrens die vorhandenen Kompetenzen genutzt bzw. wurden alle wichtigen Aspekte eingebracht und die fachlichen Erkenntnisse angemessen berücksichtigt?
- War der Prozess transparent bzw. war der Ablauf des Verfahrens für alle Beteiligten und Dritte nachvollziehbar?
- Wurde für eine zielgruppensensible Beteiligung im Sinne einer Gleichstellung von Frauen und Männern sowie für eine angemessene Berücksichtigung von Menschen mit Migrationshintergrund gesorgt und ist dies öffentlich nachvollziehbar?

(7) Zeitplan und Kostenschätzung

Ein Zeitplan und eine Kostenschätzung für das gesamte Bürgerbeteiligungsverfahren sind zentrale Bestandteile des Beteiligungskonzepts.

d. Durchführung, abschließende Entscheidungsfindung und -begründung

Für die Durchführung eines Beteiligungsverfahrens – unabhängig von den verschiedenen Zuständigkeitsbereichen (Gemeinderat oder Oberbürgermeister) – ist das jeweilige Fachamt in Abstimmung mit der Koordinierungsstelle für Bürgerbeteiligung verantwortlich. Wurde vom Gemeinderat ein projektbezogener Koordinationsbeirat eingesetzt, kann diesem auch eine steuernde Funktion eingeräumt werden. Der Koordinationsbeirat ist dann regelmäßig zu informieren und bestimmt in eigener Verantwortung, wie oft er Sitzungen durchführt. Richtungsweisende Empfehlungen des Koordinationsbeirats werden dem Gemeinderat zur Entscheidung vorgelegt. Für die Umsetzung von Entscheidungen ist das jeweilige Fachamt zuständig.

Wird das Bürgerbeteiligungsverfahren nicht innerhalb der Frist oder des Kostenrahmens durchgeführt, ist der Gemeinderat (bzw. in seinem Zuständigkeitsbereich der Oberbürgermeister) zu informieren. Er entscheidet darüber, ob und gegebenenfalls unter welchen Voraussetzungen das Bürgerbeteiligungsverfahren fortgesetzt wird.

Der Gemeinderat (bzw. in seinem Zuständigkeitsbereich der Oberbürgermeister) darf bis zum Vorliegen des Ergebnisses des Bürgerbeteiligungsverfahrens in der Sache nicht entscheiden, wobei das Eilentscheidungsrecht des Oberbürgermeisters (§ 43 Abs. 4 GemO) hiervon unberührt bleibt. Vom Ergebnis des Bürgerbeteiligungsverfahrens selbst ist der Gemeinderat (bzw. in seinem Zuständigkeitsbereich der Oberbürgermeister) unverzüglich zu unterrichten. Die Beteiligungsergebnisse – auch wenn sie für die jeweiligen Entscheidungsträger nicht bindend sind – fließen in den abschließenden Abwägungs- und Entscheidungsprozess ein (bei verbindlichen Bauleitplänen in die Abwägung nach § 1 Abs. 7 Baugesetzbuch). Der Gemeinderat soll vor seiner Entscheidung sachkundigen Einwohnern und Sachverständigen ein Rederecht gewähren, um ihre Positionen darzulegen. Die anschließend getroffenen Entscheidungen sollen insbesondere für die beteiligten Bürgerinnen und Bürger nachvollziehbar dargestellt werden. Dies gilt auch für Entscheidungen, die vom Oberbürgermeister in seinem Zuständigkeitsbereich getroffen werden.

Die Kosten einer im Sinne dieser Leitlinien durchgeführten Bürgerbeteiligung trägt die Stadt. Abweichend hiervon tragen bei vorhabenbezogenen Bebauungsplänen in der Regel die Vorhabenträger die Kosten der frühzeitigen Öffentlichkeitsbeteiligung. Dies soll jeweils in einer gesonderten Vereinbarung mit dem Vorhabenträger geregelt werden.

e. Verbindlichkeiten von Beteiligungsprozessen und Beteiligungsergebnissen

Das Vertrauen der Bürgerinnen und Bürger in das Beteiligungsangebot der Stadt hängt stark davon ab, ob die Grundsätze und Regeln für Bürgerbeteiligung verbindlich und zuverlässig eingehalten werden. Umgekehrt müssen auch die Verwaltung und die Politik auf Regeln vertrauen können, nach denen Bürgerbeteiligung gestaltet wird und wie mit möglicherweise bestehenden oder entstehenden Konflikten umgegangen wird. Verbindlichkeit muss vor diesem Hintergrund in vierfacher Weise sichergestellt werden, nämlich dadurch, dass

- die Grundsätze und Regeln für Bürgerbeteiligung verbindlich und zuverlässig eingehalten werden,
- sich die Bürgerinnen und Bürger im Prozessablauf eines Beteiligungsprojektes Gehör verschaffen können, das heißt, dass der Dialog offen geführt wird und die Bürgeräußerungen in allen Projektphasen ermöglicht und ernst genommen werden,
- die Beteiligungsergebnisse – auch wenn sie für die jeweiligen Entscheidungsträger nicht bindend sind – in den abschließenden Abwägungs- und Entscheidungsprozess einfließen,
- die getroffenen Entscheidungen unabhängig vom jeweiligen Zuständigkeitsbereich – vor allem, wenn sie von den Bürgerbeteiligungsergebnissen abweichen – für die Bürgerinnen und Bürger nachvollziehbar dargestellt werden. Bei derartigen Abweichungen können die Fraktionen des Gemeinderats Stellungnahmen formulieren, die im Stadtblatt sowie auf der Homepage der Stadt veröffentlicht werden.

Die beiden letzten Punkte sind wichtig und sollen an dieser Stelle nochmals ausführlicher begründet werden. Gegen eine zwangsweise Bindung der Entscheidungsträger an die Ergebnisse eines Beteiligungsverfahrens sprechen nicht nur die Regelungen in den Gemeindeordnungen. Vielmehr hat das „freie Mandat" der Entscheidungsträger demokratietheoretisch gewichtige Gründe: Die Repräsentanten stellen in ihrer Gesamtheit ein Gesamtbild der Bevölkerungsinteressen dar, so dass durch sie eine vergleichsweise repräsentative Mehrheitsentscheidung für die Gemeinschaft insgesamt erwartet werden kann. Repräsentanten müssen sich deshalb frei eine eigene Meinung bilden und verschiedene Interessen gegeneinander abwägen können. Anschließend tragen sie die Verantwortung für ihre Entscheidung und können gegebenenfalls abgewählt werden. Die Bindung der Mandatsträger an das Ergebnis eines Bürgerbeteiligungsverfahrens ist demokratietheoretisch folglich nicht zwingend sinnvoll. Selbstverständlich aber müssen die Ergebnisse von Beteiligungsprozessen von den politischen Entscheidungsträgern ernst genommen werden, damit Bürgerbeteiligung nicht von vornherein zur Farce wird. Die gewählten Vertreter müssen transparent und nachvollziehbar „Rechenschaft" geben über ihre Entscheidung, vor allem, wenn die Entscheidungen von den Beteiligungsergebnissen abweichen.

f. Evaluierung der Bürgerbeteiligung und Weiterentwicklung der Leitlinien

Bürgerbeteiligungsprozesse müssen evaluiert werden, einerseits um ihren Beitrag zur Projektgestaltung zu erfassen, andererseits um zu einer kontinuierlichen Verbesserung der Prozesse beizutragen. Die Evaluation darf sich dabei nicht nur auf die Beurteilung der Beteiligung an einzelnen Projekten richten, sondern auch auf die zugrunde liegenden Leitlinien. Eine solche Überprüfung ist im Heidelberger Konzept jährlich vorgesehen, um mögliche Schwachstellen im Sinne aller Beteiligten möglichst frühzeitig identifizieren und beseitigen zu können.

Um die Qualität, Angemessenheit und Praktikabilität der Leitlinien sicher zu stellen, werden sie in einem ex-post-Verfahren einmal jährlich durch eine trialogisch besetzte Arbeitsgruppe (Bürgerschafts-, Verwaltungs- und Gemeinderatsvertreter/innen) evaluiert. Die Ergebnisse dieser Evaluationen gehen an die Verwaltungsspitze (OB und Dezernenten), den Gemeinderat und die breite Öffentlichkeit. Die Ergebnisse sollen anschließend auf allen Ebenen ausführlich diskutiert werden, um ein möglichst breites Meinungsbild zu erzielen, das in den Evaluationsprozess rückgekoppelt wird.

5 Ergänzungen: Zur praktischen Gestaltung von Bürgerbeteiligungskonzepten

5.1 Gestaltungsmerkmale sind nicht gleich Qualitätskriterien

Mit den bisherigen Ausführungen dürfte das Informationsinteresse von kommunalen Praktikern oder Bürgern, die sich mit dem Gedanken an die Einführung oder Weiterentwicklung von Bürgerbeteiligung beschäftigen, noch nicht hinreichend berücksichtigt sein. Genau genommen zielt die Leitlinienentwicklung, von der in den vorstehenden Teilen dieses Buches die Rede ist, auf die Abklärung von Grundlagenaspekten der Bürgerbeteiligung, die gewährleistet sein müssen, damit Bürgerbeteiligung „auf dem richtigen Weg" ist. Die Inhalte der vorstehenden Abschnitte beziehen sich auf die Klärung folgender Bedingungen:

- die rechtlichen und administrativen Bedingungen der Gewährleistung einer möglichst frühzeitigen und vollständigen Information der Bürger/innen über städtische Vorhaben;
- die rechtlichen und administrativen Bedingungen der Beteiligung von Bürger/innen an der Planung und Durchführung von Beteiligungsprojekten;
- die Verbindlichkeitsbedingungen und Rechtsfolgen „kooperativer" Bürgerbeteiligung in Anbetracht rechtlicher Rahmenbedingungen und -grenzen;
- die Strukturen der garantierten Bürgerbeteiligung mit Berücksichtigung des prozessualen Charakters von Bürgerbeteiligung, auf die Mitwirkung von Bürger/innen an der Planung und Realisierung von Projektabläufen und
- die Sicherstellung einer ausreichenden Beteiligung auch solcher Bürger/innen, die – ungeachtet ihrer grundsätzlichen Interessiertheit – nicht unmittelbar in Projekten mitwirken können.

Zunächst noch ausgeklammert bzw. nicht Gegenstand systematischer Behandlung sind hierbei aber alle Fragen, welche das „Wie" der Umsetzung dieser Vorgaben betreffen. So wird im Leitlinientext der Stadt Heidelberg bezüglich der „kooperativen Planung und Durchführung des Beteiligungskonzepts" nur festgelegt, dass ein Beteiligungskonzept zu entwickeln ist, ohne dass hinsichtlich der konkreten Beschaffenheit dieses Konzepts selbst Festlegungen getroffen werden. Natürlich entscheidet sich die Qualität des Beteiligungsprozesses aber im Wesentlichen in Verbindung mit den hierbei erfolgenden Konkretisierungen, bezüglich derer den Beteiligten jedoch ein nur durch Nennung einiger Rahmenbedingungen und durch unverbindliche Hinweise auf bestehende Wahlmöglichkeiten eingegrenzter Freiraum zur Verfügung gestellt wird (vgl. z.B. die Anlagen zu den Heidelberger Leitlinien zum „Standardschema zur Verzahnung von Planungs-, Beteiligungs- und Entscheidungsprozessen" und zum „Instrumentenkoffer" der Bürgerbeteiligung). Die Gestaltung des Prozesses wird somit der – im Prinzip ungeprüft bleibenden und keiner Rechenschaft unterliegenden – Sachkompetenz der Beteiligten und ihrer Bereitschaft und Fähigkeit zur Einbringung persönlicher und professioneller Ressourcen überantwortet. Zu den hierbei zu bewältigenden, durch die Leitlinien jedoch nur grundsätzlich thematisierten und nicht detailliert vorgeklärten Aufgaben gehört, die Prozessgestaltung den konkreten Bedingungen des jeweils zu bearbeitenden Vorhabens anzupassen.

Wir wollen hier klarstellen, dass die bislang angesprochenen wesentlichen Gestaltungsmerkmale von Bürgerbeteiligung nicht mit „Qualitätskriterien" einer erfolgversprechenden Bürgerbeteiligung zu verwechseln sind. Zwar ist unstrittig, dass die bisher behandelten Punkte wesentliche Voraussetzungen zur Erfüllung einer qualitativ hochwertigen Bürgerbeteiligung sind. Mit „Qualitätskriterien" schlechthin können sie aber nicht gleichgesetzt werden.

Es kann nicht davon ausgegangen werden, dass es hinsichtlich der Definition von „Qualitätskriterien" für Bürgerbeteiligung bereits einen etablierten Konsens gibt. So beschränkt sich z.B. der zur Zeit vorliegende „Qualitätskriterien"-Entwurf einer Arbeitsgruppe der Stiftung Mitarbeit grundsätzlich auf die in der vorstehenden Leitlinienerörterung abgehandelten Inhalte. Es heißt hier ausdrücklich, dass die „konkreten Bedingungen vor Ort, die Besonderheiten der jeweiligen Politikfelder, wie auch die Eigenheiten der jeweiligen Beteiligungsverfahren und -instrumente" nicht berücksichtigt werden können und die „Übertragung der Standards auf die jeweiligen lokalen Bedingungen Aufgabe der Beteiligten" bleibt, von denen erwartet werden muss, dass sie „die notwendige Entwicklungs- und Lernbereitschaft mitbringen".[1] Dass nichtsdestoweniger der Anspruch erhoben wird, mit dem vorgelegten Entwurf wesentlicher Gestaltungsmerkmale „konkrete Standards" zu formulieren und deutlich werden zu lassen, „was eine gute Beteiligungspraxis ausmacht", lässt erkennen, dass es auch hier hinsichtlich der Einbeziehung des Freiraums der auf der Umsetzungs-

---

1 Zugrunde gelegt ist hier der zweite Entwurf der Qualitätskriterien Bürgerbeteiligung, der bei der Abfassung des vorliegenden Textes auf der Kommunikationsplattform des Netzwerks Bürgerbeteiligung zur Diskussion gestellt war.

ebene handelnden Akteure noch eine gewisse Offenheit und Unbestimmtheit gibt.

Um an dieser strategisch wichtigen Stelle zu einer vorläufigen Entscheidung zu gelangen, möchten wir vorschlagen, es bei der Trennung von „Gestaltungskriterien“ und „Qualitätskriterien“ zu belassen und den letzteren Begriff mit umfassenderer Bedeutung zu verwenden. Sinnvoller Weise verbindet sich hiermit die Unterscheidung von Kriterien zur Bewertung und Evaluierung der Konzeptebene einerseits und der Umsetzungsebene der Bürgerbeteiligung andererseits.

Geht man hiervon aus, dann wird deutlich, dass hinsichtlich einer umfassenden und systematischen Entwicklung von Qualitätskriterien für die Bürgerbeteiligung auf der Umsetzungsebene Voraussetzungen erforderlich sind, die angesichts des gegenwärtigen Standes der Entwicklung der Bürgerbeteiligungspraxis noch kaum erfüllbar sind. Grob gesagt bedarf es hierfür eines „Handbuchs“, in das praktische Erfahrungen und Evaluierungsberichte eingehen und das sich in eine größere Zahl von Einzelteilen aufgliedert, die zweckmäßigerweise als ergänzbare Loseblattsammlungen bzw. Internetdokumentationen angelegt sein sollten.[2]

Konsequenterweise kann ein solches Handbuch in den nachfolgenden letzten Abschnitten dieses Buches nicht beabsichtigt sein. Es kann sich hierbei vielmehr um einzelne, nur locker miteinander verknüpfte Vorstöße in das bislang noch unübersichtliche Gelände von Praxisbedingungen jenseits der Ebene der Grundlagenklärung handeln, die sich uns bei der Beschäftigung mit Bürgerbeteiligungsprojekten aufdrängten, von denen allerdings anzunehmen ist, dass sie in einem zukünftigen Handbuch für Bürgerbeteiligung einen sehr wichtigen Stellenwert besitzen werden.

5.2 Strategische Promotoren und kompetente Koordination

Wie in diesem Buch mehrfach betont wurde, gehört wesentlich zur Überwindung des gegenseitigen Misstrauens zwischen Bürgern und Entscheidern ein „kooperatives“ Vorgehen, bei welchem allen Beteiligten die Vorteile einer institutionell garantierten „Win-Win-Win“-Situation erkennen. Die erfolgreiche Einleitung, Entwicklung und Umsetzung eines Bür-

---

2 Das „Handbuch zur Partizipation“ der Senatsverwaltung für Stadtentwicklung Berlin (Senatsverwaltung für Stadtentwicklung Berlin 2011) und das „Handbuch für eine gute Bürgerbeteiligung“ des Bundesministeriums für Verkehr, Bau und Stadtentwicklung (Bundesministerium für Verkehr, Bau und Stadtentwicklung 2012) vollziehen in dieser Richtung sehr nützliche erste Schritte.

gerbeteiligungskonzepts setzt aber auch voraus, dass es engagierte Unterstützer und Treiber – oder *„Promotoren“* – gibt, die den Erfolg eines derartigen Unternehmens zu ihrem persönlichen, professionellen und gegebenenfalls dienstlichen Anliegen machen.

Der nächstliegende Fall ist, dass sich der Inhaber des kommunalen Spitzenamtes, d.h. der (Ober-)Bürgermeister bzw. die (Ober-)Bürgermeisterin, persönlich für Bürgerbeteiligung „stark macht“. Das Thema möglicher Widerstände in der Verwaltung verliert unter dieser Bedingung normalerweise seine Brisanz. Umgekehrt lässt sich sagen, dass Bürgerbeteiligung gegen den erklärten Willen des „Machtpromotors“ an der Spitze kaum eine Chance hat. Es besteht aber auch die Möglichkeit, dass eine Initiatorengruppe von Führungskräften der Verwaltung – eine ausreichend große und einflussreiche Gruppe von Ratsmitgliedern oder Stadtverordneten, gegebenenfalls aber auch eine Bürgergruppierung oder Bürgerinitiative, die ausreichend intensive Kontakte zur Politik und zur Verwaltung besitzt – aktiv wird und andere Akteure „mitzieht“.

Bei der Beschäftigung mit dem Thema strategischer Unterstützer und Treiber kommt darüber hinaus aber auch dem Vorhandensein oder einer erst noch zu schaffenden Zuständigkeit für eine fachbereichs- und projektübergreifende *Koordination* der Bürgerbeteiligung große Bedeutung zu. Es handelt sich hier in der Regel um eine Verwaltungsposition, der auf Grund ihrer Stellenbeschreibung ein großer Handlungsspielraum zukommt und deren Ausgestaltung in etwa dem Vorbild eines Umwelt- oder Gleichstellungsbeauftragten entspricht. Zwar kann und sollte man in der Regel die fachamtliche Zuständigkeit für die Vorbereitung und Durchführung von Projekten nicht aushöhlen. Aber schon die bloße Einbeziehung von Bürgern in Projektbearbeitungsprozesse lässt einer koordinative Zuständigkeit erforderlich werden, die nicht der fachamtlichen Anweisungsmacht unterliegt. Konkret gesagt muss einer fest eingerichteten Koordinierungsstelle auf gesonderter Zuständigkeitsgrundlage ein Mitgestaltungs- und Mitentscheidungsrecht eingeräumt werden. Dieses muss und kann die praktische Gewährleistung der Einbeziehung von Bürgern und des ihnen zugesicherten Gehörs, wie auch die Sicherstellung einer sachgerechten, Partizipations- und Effizienzinteressen ausbalancierenden Umsetzung des jeweiligen Beteiligungskonzepts gewähren. Außerdem müssen – vor allem bei einem laufenden Beteiligungsbetrieb – die angesichts einer sparsamen Ressourcenverwendung notwendigen Abstimmungen zwischen verschiedenen Beteiligungsprojekten möglich sein. Dies ist ohne eine entsprechende koordinative Zuständigkeit nicht möglich.

Die praktische Bedeutung, die der – im Übrigen auch mit spezifischen professionellen Anforderungen verbundenen – Bürgerbeteiligungskoordination zukommt, wird darin erkennbar, dass in zahlreichen Fällen, in denen bisher ein kommunales Bürgerbeteiligungskonzept beschlossen wurde, frühzeitig eine Regelung bezüglich der Wahrnehmung der *Koordinatorenrolle* getroffen wurde. Klärungs- und weiterentwicklungsbedürftig scheint hier gar nicht so sehr das „Ob" zu sein, als vielmehr das „Wie" der personellen und finanziellen Ausgestaltung dieser Rolle. Die finanzielle Schieflage vieler Kommunen führt bisher noch zu häufig dazu, dass die Koordinatorenaufgabe einzelnen Mitarbeitern oder Mitarbeiterinnen zusätzlich aufgeladen wird, ohne dass den Erfordernissen der personal- und finanzplanerischen Gewährleistung der Aufgabenerfüllung ausreichend Rechnung getragen wird. Es ist von daher sehr zu begrüßen, dass inzwischen Bestrebungen zu einer interkommunalen Netzwerkverbindung von Beteiligungskoordinatoren in Gang gekommen sind.

5.3 „Trialogische" Konzepterarbeitung unter praktischen Bedingungen

Die Erarbeitung eines Beteiligungskonzepts sollte in allen Fällen als ein organisierter Prozess stattfinden, der dem trialogischen Prinzip folgt, also nicht „ex cathedra" von politischen, administrativen oder wissenschaftlichen Autoritäten verfügt wird. Er muss von den wesentlichen Beteiligten gemeinsam geleistet werden.

Wie sich dies im Einzelnen vollzieht, kann allerdings unterschiedlich ausfallen. Man mag den Heidelberger Fall, in welchem ein Arbeitskreis gebildet wurde, der von Anfang an zu gleichen Teilen aus Vertretern der Politik, der Bürgerschaft und der städtischen Verwaltung zusammengesetzt war, als einen „idealtypischen" Fall ansehen. Es lassen sich aber auch anders gelagerte Lösungen wählen, die nichtsdestoweniger als „trialogisch" einzustufen sind. So mag die Erstellung eines Konzeptentwurfs – ähnlich wie die Beteiligungsinitiative als solche – von einzelnen Kommunalpolitikern, von einer Gruppe oder auch von einzelnen Personen in der Verwaltung mit oder ohne Einschluss des (Ober-)Bürgermeisters, von einer Bürgergruppe oder auch von einer gemischten Gruppe ausgehen. Wesentlich ist, dass sich die Initiatoren dem trialogischen Prinzip verpflichtet fühlen, d.h. den Prozess – falls er nicht von vornherein trialogisch angelegt war – anschließend erweitern, wobei hinsichtlich der Reihenfolge und des Zeitpunkts der Einbeziehung weiterer Beteiligter praktische Gesichtspunkte ausschlaggebend sein mögen.

Im Grenzfall mag die Einbeziehung der Bürgerinnen und Bürger erst im Anschluss an Initiativen und Vorabstimmungen in der Verwaltung und zwischen der Verwaltung und der Politik im Wege einer Offenlegung erfolgen. Es besteht dann allerdings die Gefahr, dass dieser letztere Akt, der möglicherweise unter dem hemmenden Einfluss von Zeitnot und Ermüdung aufgrund vorangegangener Einigungsbemühungen erfolgt, nicht intensiv genug gestaltet, sondern als eine Pflichtübung minimiert wird, so dass die unter Umständen bereits ungeduldig werdenden Bürger das Gefühl gewinnen, nicht ernsthaft beteiligt zu werden. Und dies würde wiederum den Erfolg des gesamten Unternehmens infrage stellen.

Je mehr sich die Konzepterarbeitung dem Heidelberger Fall annähert, desto bedeutungsvoller wird andererseits eine sinnvolle Auswahl der Bürgerinnen und Bürger für die Besetzung einer beschränkten Zahl von „Plätzen", wobei sich verschiedene Alternativen anbieten, die allesamt Vorteile und Einschränkungen mit sich bringen.

In Heidelberg standen zwei Alternativen zur Wahl: Erstens die Einbeziehung von Vertretern der vorhandenen Bürgerinitiativen, die eigene Erfahrungen mit Bürgerbeteiligung hatten. Zweitens bot sich alternativ an, Vertreter von mitgliederstarken Organisationen der Zivilgesellschaft einzubeziehen, die in der Lage sein würden, die Überlegungen des Arbeitskreises schon während des laufenden Prozesses unmittelbar in möglichst breite Kreise der Bevölkerung zurück zu koppeln und damit Wege zu einer intensiven begleitenden Abstimmung mit der Öffentlichkeit zu erschließen. In Heidelberg wurde der letztere Weg gewählt und durch die ausdrückliche Öffentlichkeit der Sitzungen des Arbeitskreises zusätzlich unterstützt. Die durch zwei Kontrollbefragungen unterbauten Erfahrungen, die mit dieser Lösung gewonnen werden konnten, blieben zwar an einigen Stellen hinter den ursprünglichen Erwartungen zurück. Sie waren jedoch im Ganzen positiv zu bewerten.

Mit der Annäherung an den Heidelberger Weg einer kooperativen Konzepterarbeitung von Anfang an steigern sich allerdings auch die Anforderungen an die Fähigkeit der Beteiligten zu einer produktiven Zusammenarbeit und Konsensfindung, die – angesichts der unvermeidlicherweise sehr heterogenen Zusammensetzung eines trialogischen Arbeitskreises – nicht garantiert sind. In Erkenntnis dieser Schwierigkeit wurden in der ersten Sitzung von der Arbeitskreisleitung „Regeln für die Zusammenarbeit" vorgelegt, die kurz diskutiert und dann gemeinsam verabschiedet wurden. Die möglicherweise hierdurch wie auch durch eine mit großem persönlichem Einsatz operierende Arbeitskreisleitung geförderten Kooperationserfahrungen waren nach übereinstimmender Auffassung aller Teilnehmer im Ganzen genommen viel positiver als ursprünglich erwartet. Das angestrebte Konsensziel konnte dementsprechend ungeachtet teils sehr unterschiedlicher individueller Ausgangsvorstellungen am Ende erreicht werden.

5.4 Zielabklärung als unabdingbares Erfordernis

Hinsichtlich des zentralen Ziels der Bürgerbeteiligung ist in diesem Buch eine Vorentscheidung getroffen, die sich mit dem Stichwort der Überwindung einer Krisensituation der Demokratie charakterisieren lässt. Diese Krisendiagnose gibt letztlich den Grund dafür ab, dass auf der Konzeptebene der Weg einer Institutionalisierung und Verstetigung der Bürgerbeteiligung eingeschlagen wird.

Praktisch gesehen reicht es aber nicht aus, sich beim Einstieg in die systematische Entwicklung eines Bürgerbeteiligungskonzepts auf dieses übergreifende Ziel zu verständigen und nach dessen „Abhakung“ zur Tagesordnung überzugehen. Geht man davon aus, dass an der Konzeptentwicklung Personen aus verschiedenen Herkunfts-, Tätigkeits- und Interessenfeldern – d.h. dem trialogischen Prinzip entsprechend insbesondere Bürgerinnen und Bürger, Kommunalpolitiker und Verwaltungsangehörige – beteiligt sind, dann ist vielmehr damit zu rechnen, dass in das Unternehmen „Bürgerbeteiligung“ zumindest unterschwellig verschiedenartige konkrete Wünsche, Ideen, Vorstellungen und Interessenlagen eingebracht werden, die unbedingt „auf den Tisch“ müssen, um den weiteren Fortgang der Arbeit nicht mit unvermutet auftauchenden Konfliktanlässen zu belasten. Es empfiehlt sich vor diesem Hintergrund unter allen Umständen, sich am Anfang der gemeinsamen Arbeit genügend Zeit für eine Zielabklärung zu nehmen und hierfür ein geeignetes Verfahren wie z.B. METAPLAN anzuwenden.

Sehr wichtig ist es, sich hierbei zu vergegenwärtigen, dass *keineswegs eine von Anfang an bestehende Zielübereinstimmung* zwischen den Beteiligten erforderlich ist, wie manchmal gemeint wird. Am Anfang mögen die Ziele, die von den einzelnen Teilnehmern deklariert werden, vielmehr heterogen und kontrovers erscheinen. Bei Anwendung einer geeigneten Systematisierungs- und Strukturierungsprozedur, wie sie z.B. METAPLAN zur Verfügung stellt, wird man allerdings feststellen können, dass sie überwiegend unterschiedliche Dimensionen eines gegebenenfalls erst bei dieser Gelegenheit erkennbar werdenden *übergreifenden Zielraums* betreffen, in den sie sich im Sinne gegenseitiger Ergänzung und Ausbalancierung einordnen lassen. Entscheidend ist, dass sich am Ende alle Beteiligten gemeinsam auf die *Kompatibilität* der eingebrachten Ziele verständigen. Auf dieser Grundlage kann dann eine gemeinsame Zielformel erstellt werden, auf die sich im weiteren Verlauf immer wieder aufbauen lässt, wenn das Thema der ausgewogenen Interessenrepräsentierung und eines auch auf operativer Ebene praktikablen „kooperativen" Vorgehens aktuell wird.

Natürlich muss darauf geachtet werden, dass evtl. vorhandene echte Zielwidersprüche, die keinesfalls pauschal ausgeschlossen werden können, nicht um des „lieben Friedens" willen „unter den Teppich gekehrt" werden. Dem Vorhandensein solcher potenzieller „Zeitbomben" muss vielmehr – auch wenn dies u.U. Zeit kostet – die erforderliche Aufmerksamkeit geschenkt werden.

5.5 Qualität der Beteiligungsprozesse: Umsetzungsprobleme und „gute Praxis"

Die prozesshafte Gestaltung des Beteiligungsprozesses gehört zu den wesentlichen Essentials einer angemessen institutionalisierten und verstetigten Bürgerbeteiligung, wobei sich die Anwendung geeigneter Methoden von den Erfordernissen her entscheiden soll, die in den jeweiligen Beteiligungsphasen auftreten.

Wie vorstehend deutlich wurde, lassen sich die hierbei notwendig werdenden Entscheidungen durch eine grobe Kategorisierung der im „Instrumentenkoffer" der Bürgerbeteiligung verfügbaren Methoden vereinfachen, der zufolge vier Methodengruppen benötigt werden, nämlich erstens Methoden, welche möglichst zahlreichen Menschen die Äußerung von Wünschen, Vorstellungen und Erwartungen unter Entwicklung von oder Auswahl zwischen Alternativen gestatten, zweitens Methoden, welche einer notwendigerweise beschränkteren Anzahl von Menschen die unmittelbare Beteiligung an der Erarbeitung von Gestaltungsentwürfen und Plänen erlauben, drittens Methoden, welche einen repräsentativen Überblick über die Verteilung von Präferenzen zugunsten von Entscheidungsalternativen in relevanten Teilen der Bevölkerung vermitteln, und viertens Methoden, die der Moderierung konfligierender Interessen und der Auffindung von Konsensmöglichkeiten dienen.

Die Beobachtung von Beteiligungsprozessen lehrt allerdings, dass diese modellhaft eindeutige Kategorisierung oft schwierigen Umsetzungsproblemen unterliegt, so dass das Ziel einer „guten Praxis" vielfach nicht ohne Weiteres im wünschenswerten Ausmaß erreicht wird.

In der kommunalen Praxis zeichnet sich angesichts dessen verschiedentlich – gerade bei größeren und gesamtstädtisch bedeutsameren Projekten, die eine erhebliche Öffentlichkeitsresonanz mobilisieren können –

ein *reduzierter Typus* von Bürgerbeteiligung ab, der vereinfacht wie folgt verläuft:

(1) Durchführung einer offenen Bürgerveranstaltung, bei der den Teilnehmern Gelegenheit zur stichwortartigen Formulierung von Erwartungen an das Projekt gegeben wird.
(2) Interne Zusammenfassung und Verarbeitung der Bürgeräußerungen unter Zusammenführung mit Expertenurteilen.
(3) Durchführung einer weiteren offenen Bürgerveranstaltung, bei der den Bürgern, die in Arbeitsgruppen aufgeteilt werden, die Erörterung und Bewertung von Gestaltungsalternativen zu konkreteren Themenbereichen auf dieser Grundlage ermöglicht wird.
(4) Interne Zusammenfassung und Verarbeitung der Bürgeräußerungen unter nochmaliger Zusammenführung mit Arbeitsergebnissen von Experten.
(5) Nochmalige offene Bürgerveranstaltung, bei der den wiederum in Arbeitsgruppen aufgeteilten Bürgern Gelegenheit zur Erörterung und Bewertung detaillierterer Gestaltungsalternativen zu einzelnen Themenkomplexen auf der inzwischen erreichten Grundlage gegeben wird.
(6) Interne Zusammenfassung und Verarbeitung der Bürgeräußerungen unter Zusammenführung mit Arbeitsergebnissen von Experten.
(7) Beschlussfassung des Stadtrats bzw. der Stadtverordnetenversammlung.

Zu den realen Bedingungen dieses häufig anzutreffenden Beteiligungsformats gehört erstens die mehr oder weniger weitgehende, im Grenzfall vollständige Vergabe der internen Prozessabschnitte einschließlich der Zusammenfassung und Verarbeitung der Bürgeräußerungen an externe Planungs- oder Moderationsbüros ohne unmittelbare Bürgerbeteiligung, so dass die Bürger den Prozess *nicht kontinuierlich* über seinen gesamten Ablauf hinweg, sondern nur *intermittierend* begleiten können, wobei ein unmittelbarer Anschluss an die jeweils vorausgehenden Beteiligungsphasen nicht immer gesichert, möglicherweise auch gar nicht gewollt ist.

Zweitens charakterisiert das wiederholt zur Anwendung kommende Format offener Bürgerveranstaltungen aber häufig eine mehrfache Unbestimmtheit, nämlich erstens eine Anonymität der Teilnehmenden bzw. eine fehlende Überprüfung ihrer Zusammensetzung nach soziodemographischen Merkmalen, zweitens eine fehlende Bemühung darum, sämtlichen Arbeitsgruppenteilnehmerinnen und -teilnehmer einen Input zum jeweiligen Thema zu ermöglichen, drittens eine fehlende Kontrolle der Mehrheitsfähigkeit selektiv abgegebener individueller Inputs und viertens eine autoritative Zusammenfassung der Arbeitsgruppenergebnisse durch die jeweiligen Moderatoren ohne Rückäußerung der Teilnehmer und entsprechende Erörterung.

Insgesamt leidet dieses defizitäre – aber durchaus gebräuchliche – Beteiligungsformat somit häufig an einer mangelnden prozeduralen Ausdifferenzierung verschiedenartiger Beteiligungsfunktionen, an mangelnder prozessualer Kontinuität und Konsistenz wie auch an einer Vernachlässigung der Frage, inwieweit die teilnehmenden Bürgerinnen und Bürger die insgesamt zu interessierenden und einzubeziehenden Bürger repräsentieren können und welche Ausschnitte von ihnen sie verkörpern.

Die Interpretation, dass es sich bei den Teilnehmenden, die den für die Veranstaltung reservierten Raum unter Umständen mit eindrucksvollem Gedränge füllen, großenteils um die sogenannten „üblichen Verdächtigen“, nicht also um „die Bürgerinnen und Bürger“ handelt, kann somit nicht von der Hand gewiesen werden. Unfreundlich ausgedrückt handelt es sich bei diesem hier bewusst in extremer Ausprägung dargestellten Beteiligungsformat um die Hintereinanderschaltung von „Bürgerversammlungen“ konventionellen Typs mit allen ihren Schwachstellen, die durch die Einstreuung von Aktivitätselementen angereichert, aber nicht substanziell verändert sind.

Fatal ist dabei der unverkennbare pragmatische Vorteil dieses Formats gegenüber anderen Methodenansätzen auf Grund seiner hochgradigen Zügigkeit und seiner damit zusammenhängenden Effizienz. Es fällt deshalb nicht leicht, dieses Format unter Verweis auf die Erfordernisse einer „guten Praxis“ der Bürgerbeteiligung zu kritisieren. Dieser „guten Praxis“ stehen Opportunitätsargumente einer – allerdings nur scheinbar – „realistischen“ Praxis gegenüber, die den Alltagsproblemen einer Kommune, vor allem dem auf ihr lastenden Druck „leerer Kassen“, entgegenkommen.

Dass die Erfordernisse „guter Praxis“ Geld und Zeit kosten, liegt als Hemmnis auf der Hand, ohne dass sich die Qualitätsgewinne, die sich mit ihrer Berücksichtigung verbinden, kurzfristig mit ausreichender Eindeutigkeit bemerkbar machen müssen. Es kann vielmehr durchaus der Fall eintreten, dass alle Beteiligten die mit den dargestellten Mängeln behafteten Bürgerveranstaltungen gut gelaunt verlassen und dass die Medien die gegebenenfalls relativ große Zahl von Teilnehmern als beeindruckenden Erfolg feiern. Die Nackenschläge, mit denen aufgrund der faktischen Ausklammerung der objektiv in Frage kommenden Grundgesamtheit „der Bürgerinnen und Bürger“ zu rechnen ist, stellen sich möglicherweise erst sehr viel später ein, wobei die nichtsdestoweniger eintretenden Verluste an Demokratiequalität entweder unsichtbar bleiben oder ironischerweise einer angeblich mangelnden Demokratiefähigkeit und -willigkeit der Bürger zugeschrieben werden.

5.6 Akteurs- und Interessenanalyse[3]

5.6.1 Ziel und Notwendigkeit einer Akteurs- und Interessenanalyse

Wesentlich erscheint uns, der in der Regel uneinheitlichen Zusammensetzung der zu beteiligenden Grundgesamtheit von Bürgerinnen und Bürgern schon am Anfang eines Beteiligungsvorhabens die erforderliche Aufmerksamkeit zu widmen und die Bürgerbeteiligung so zu gestalten, dass sie diese uneinheitliche, von „Interessenvielfalt" gekennzeichnete Zusammensetzung angemessen zur Geltung bringt.

In diesem Zusammenhang empfiehlt sich insbesondere bei den vorstehend angesprochenen größeren und gesamtstädtisch bedeutsamen Projekten, die eine erhebliche Öffentlichkeitsresonanz mobilisieren können, die „Akteurs- und Interessenanalyse" als ein neuartiges, gegenwärtig verschiedenenorts noch im Erprobungsstadium befindliches Verfahren anzuwenden.

Grob gesagt geht es bei diesem Verfahren darum, die zu berücksichtigende Interessenvielfalt so zuverlässig zu erfassen, dass keine maßgeblichen Interessen außen vor bleiben. Es gilt, hierfür ein geeignetes Verfahren zu finden, das standardisierbar ist und in den „Instrumentenkoffer" der Bürgerbeteiligung aufgenommen werden kann.

Es ist davon auszugehen, dass Bürgerbeteiligung insgesamt zwar die gesamte Breite des kommunalen Aufgabenspektrums mit den unterschiedlichen für die jeweiligen Bereiche zuständigen Dienststellen abdeckt. Sie ist damit interdisziplinär und querschnittsorientiert ausgerichtet und bezieht alle städtischen Akteure (Bürgerschaft, Politik, Verwaltung) mit ein. Gleichzeitig hat jedoch jedes einzelne Bürgerbeteiligungsprojekt einen konkreten Gegenstand mit speziell Betroffenen, die zunächst nicht – oder nicht mit ausreichender Zuverlässigkeit – bekannt sind.

Weiter ist zu berücksichtigen, dass für die Interessenabklärung und -vermittlung selbst in erster Linie ein Workshop-Verfahren mit einer begrenzten Anzahl von Teilnehmern infrage kommt, mit welcher der Kreis der Betroffenen möglichst treffsicher abgebildet werden kann.

---

3 Die von uns nach einigen Überarbeitungen und Kürzungen übernommene, bisher unveröffentlichte Textgrundlage dieses Abschnitts wurde von Ralph Keppler (Stadt Leipzig) erstellt, dem für seine engagierte Mitarbeit herzlich zu danken ist!

Es bedarf somit eines *Zwischenschrittes*, der einen Überblick über die im Einzelfall einzubeziehenden Interessen vermittelt und damit vorweg die nötige Klarheit über die zu berücksichtigenden Verfahrensteilnehmer, wie auch über die erwartbare inhaltliche Ausrichtung und die anzuwendende Moderationsstrategie und damit über die entscheidenden Parameter der Ausgestaltung des anschließenden Workshop-Verfahrens gewährleistet.[4]

Analysiert werden die Projektakteure, sowie je nach Projekt- und Aufgabenspezifik die Interessen und Nutzungskonflikte, deren Lage im Plangebiet (insb. bei räumlich größeren Vorhaben) sowie die Intensität der Interessen bzw. Konflikte. Bei den Projektakteuren sind es die Betroffenen in der Politik, in der organisierten und nicht-organisierten Bürgerschaft, in der Verwaltung und gegebenenfalls in der Wirtschaft. Ziel ist es, den Kreis der Betroffenen vollständig zu eruieren, damit keiner ausgeschlossen wird und später deshalb das Beteiligungsverfahren wiederholt werden müsste.

Ebenso gilt es, nach Möglichkeit bereits auf dieser Vorstufe die jeweiligen Interessen der einzelnen Akteure herauszuarbeiten. Häufig sind hier bestehende Interessen- und Nutzungskonflikte mit zu erörtern. Dies ist bei Planungsprojekten regelmäßig gegeben, wenn sich divergierende Zielvorstellungen in Teilräumen des Plangebiets verdichten. Eine wesentliche Zielstellung für das nachfolgende Workshop-Verfahren ist das Herausarbeiten von für alle annehmbaren Kompromissen. Für die Erreichung dieser Zielsetzung ist es von großem Vorteil, die Lage der Konflikte im Raum und die Intensität der Konflikte bereits vorweg zu kennen.

5.6.2 Das methodische Vorgehen bei der Akteurs- und Interessenanalyse

Eine für die Akteurs- und Interessenanalyse geeignete Methode ist die Befragung, die ggf. auch schriftlich erfolgen kann. In der Regel reicht es aus, eine Gruppe mit der Projektthematik intensiv befasster Akteure aus Verwaltung und Bürgerschaft einzubeziehen. Mit dieser Gruppe von Experten bzw. Schlüsselpersonen kann in der Regel der Kreis der Betroffenen ausreichend eingegrenzt werden. Für die nähere Charakterisierung der im Spiel befindlichen Interessenlagen lassen sich zusätzlich Vertreter von Vereinen, Verbänden, Initiativen sowie die zuständigen Verwaltungsdienststellen und Politikgremien befragen. Zur Sicherstellung der ausrei-

4 Dieser Zwischenschritt erfolgt in Heidelberg durch den Koordinationsbeirat bzw. bei kleineren Projekten ohne Koordinationsbeirat durch die Koordinationsstelle.

chenden Berücksichtigung von „weichen“ aber gerade deshalb eliminierungsgefährdeten Interessen in der nicht organisierten breiteren Bürgeröffentlichkeit empfiehlt sich zusätzlich ein Bürgerpanel (vgl. Klages/Masser 2013). Nach der Analyse der Ergebnisse der Befragung(en) sollten die nötigen Informationen für die Identifizierung der in die anschließenden

Abb. 8: Übersicht über die Akteurs- und Interessenanalyse im Kontext der Erarbeitung und Umsetzung des Bürgerbeteiligungskonzeptes am Beispiel der Konzeption eines Workshop-Verfahrens ≡

1. *Grundkonzept zur Bürgerbeteiligung:* → Im diesem Projektschritt erfolgt die Erarbeitung von Varianten aus zuvor mit Bürgerbeteiligung erarbeiteten Projektzielen. → Die Erstellung von Projektvorentwürfen – gemeinsam mit den Betroffenen – ist somit die Anforderung an die Bürgerbeteiligung. → Das auszuwählende Bürgerbeteiligungsinstrument erfüllt in seinem Leistungsprofil die Anforderung, Arbeitsinhalte zu generieren. Das Beteiligungsinstrument der Workshops ist hier passend.
2. *Akteurs- und Interessenanalyse:* → Ermittlung der vom Projekt betroffenen/interessierten Akteure in Bürgerschaft, Politik, Verwaltung und gegebenenfalls Wirtschaft. → Befragung der Akteure zu deren Interessen und je nach Projektspezifik zu gegensätzlichen Interessen sowie Nutzungskonflikten, der Verortung der Interessen und/oder Konflikte im Raum, deren Intensität etc. → Auswertung der Gesamtakteurs- und Interessenlage in Gegenüberstellung der jeweiligen Interessen mit den betroffenen Akteuren. Bei weiteren Projektparametern (Konflikte, Raumbezug, Intensität, etc.) werden diese ebenfalls den Interessen und den Akteuren zugeordnet und in Beziehung zu ihnen gesetzt.
3. *Spezifiziertes Bürgerbeteiligungskonzept:* → Erstellung des formalen und inhaltlichen Profils des/der Workshops anhand der Verschneidung der Projektparameter (Akteure, Interessen, gegebenenfalls Nutzungskonflikte, deren Verortung der im Raum, Interessen/Nutzungskonfliktintensität mit den Workshop-Kenngrößen (Teilnehmeranzahl, Moderationsmöglichkeiten, Konfliktklärungspotential etc.).
4. *Leistungsbeschreibung und Ausschreibung des Bürgerbeteiligungsverfahrens:* → organisatorische und inhaltliche Leistungsbeschreibung mit Qualitätskriterien des/der Workshops für deren Planung, deren Umsetzung und deren Nachbereitung. → Ausschreibung und Vergabe von (Teil-)Leistungen an einen externen Partner.
5. *Umsetzung der Bürgerbeteiligung:* → Planung, Durchführung und Nachbereitung des/der Workshops und der Ergebnisse für den nächsten Projektbeteiligungsschritt.

Workshops einzubeziehenden Interessenlagen und deren Repräsentanten zur Verfügung stehen.

Ein Resultat der Akteurs- und Interessenanalyse kann sein, dass die Betroffenenzahl die arbeitsfähige Größe eines einzelnen Workshops übersteigt und somit Unterworkshops gebildet werden müssen, die zum Abschluss wieder zusammengeführt werden. Ebenso kann es auf Basis der analysierten Interessen- und/oder Nutzungskonflikte sinnvoll sein, mehrere Workshops mit unterschiedlichen Themenstellungen zu konzipieren, die sich beispielsweise bei größeren Planungsprojekten auf voneinander abgrenzbare Teilräume beziehen.

5.6.3 Ein Fallbeispiel

In dem nachfolgenden Fallbeispiel geht es um eine Bergbaufolgelandschaft und deren zukünftigen Nutzung. Der Braunkohleabbau wurde in dem betreffenden Gebiet in den letzten 20 Jahren eingestellt. Viele Seen sind entstanden. Es handelt sich um ein Gebiet, in dessen Mitte eine Großstadt liegt und das in seiner Nord-Süd-Ausdehnung eine Länge von ca. 100 Kilometern umfasst. Als Partner agieren mehrere Landkreise, Städte, Behörden, die Industrie- und Handelskammer sowie weitere Verbände in einem Steuerungsgremium zusammen, um die Entwicklung des Gebietes voranzubringen.

Zum derzeitigen Planungsstand liegt das Zielkonzept zur Bergbaufolgelandschaft vor. In Teilräumen wurden einzelne Vorhaben schon realisiert. Konzepte für die weitere Landschaftsentwicklung liegen vor.

Es war von vornherein davon auszugehen, dass das Zielkonzept zur Bergbaufolgelandschaft alle wesentlichen Nutzungsansprüche einzubeziehen hat. Es tangiert somit eine Mehrzahl von Interessen, die derzeit und zukünftig im Gesamtraum berücksichtigt werden müssen. Für das einzelne Teilgebiet, beispielsweise für einen konkreten See, gibt es von Anfang an konkurrierende Interessenlagen (z.B. Naturschutz versus intensive Erholungsnutzung). Diese zeigen sich typischerweise sofort, wenn Vorhaben zur Realisierung anstehen. Es kommt dann zu Konflikten und Protesten, welche die zukünftige Gebietsentwicklung stören und verzögern, indem sie sich am konkreten Fall entzünden, ohne aber notwendigerweise in ihrer realen Beschaffenheit zu enthüllen.

Um eine breite Akzeptanz des Zielkonzeptes zur Bergbaufolgelandschaft bei den Akteuren aus der Bürgerschaft mit Vereinen, Verbänden und Initiativen, den Vertretern der Politik sowie der Verwaltungen und der Wirtschaft zu erreichen, wurde ein zielgruppensensibles Bürgerbeteiligungskonzept erarbeitet, das dieser Problematik Rechnung trägt.

Als vorrangiger Gegenstand dieses Konzepts wurde der der Abbau von Interessenkonflikten und das Auffinden von für alle annehmbaren Kompromisslösungen erkannt. Damit wurde eine wichtige Voraussetzung geschaffen, um die Gebietsentwicklung weiter zu befördern.

Für die Inangriffnahme der Aufgabe eignet sich, wie man übereinkam, grundsätzlich der Workshop als Bürgerbeteiligungsinstrument. Um den Beteiligungsschritt des Workshop-Verfahrens bereits im Vorfeld ausreichend zu konkretisieren und abzusichern, wurde allerdings zunächst eine Akteurs- und Interessenanalyse vereinbart und durchgeführt.

Zum Zweck dieser Analyse wurden die mit dem Gegenstandsfeld seit vielen Jahren vertrauten Mitglieder des Steuerungsgremiums zur Entwicklung der Bergbaufolgelandschaft nach Folgendem befragt: den Interessen sowie Nutzungskonflikten, deren Verortung im Planraum, der Bewertung der Intensität des Konfliktes und den Akteuren (einschließlich der Mitglieder des Steuerungsgremiums) – und gebeten, eine entsprechende Tabelle auszufüllen. Im Vorfeld erörterte Interessen sowie Nutzungskonflikte wurden vorgegeben und konnten ergänzt werden.

Die Zusammenstellung und Auswertung der Daten erfolgte in mehreren Iterationsschritten, bis sich ein gut strukturiertes Bild ergab. Diese Arbeitsphase war aufwendig, stellte aber einen wichtigen Qualitätssicherungsschritt dar. So stellte sich bei der Aggregation der Daten und deren Inbeziehungsetzung als primäres Ordnungskriterium die räumlich Struktur des Planraumes heraus, weil sich gleichartige Konfliktmuster abzeichneten, die eindeutig bestimmten Gruppen von Akteuren zugeordnet werden konnten.

Aus der „Akteurs- und Interessenanalyse unter Kennzeichnung von Konfliktfeldern“ ließen sich für die Spezifizierung der Workshopkonzeptes drei Hauptschlussfolgerungen ableiten:

- Der Nordraum, die Großstadt im Zentrum des Plangebietes und der Südraum zeichnen sich durch unterschiedliche Konfliktkonstellationen aus.
- Die Themenstellung für den jeweiligen Raum muss anhand der jeweiligen Konfliktkonstellationen und deren Intensität festgelegt werden.
- Auch die einzubeziehenden Akteure und deren Anzahl sind auf dieser Grundlage zu bestimmen.

Auf Basis der genannten Projektdaten konnte – zusammen mit den Eigenkenngrößen des Workshops als Methode – der eigentliche Bürgerbeteiligungsschritt des Workshop-Verfahrens viel genauer als ursprünglich angenommen präzisiert werden:

- Pro Teilraum (der Nordraum, die Großstadt im Zentrum des Plangebietes, der Südraum) muss es, so fand man, einen gesonderten Workshop geben.
- Im Nordraum bleibt dabei die Zahl der Interessenvertreter innerhalb der für einen Workshop verkraftbaren Gruppengröße, weshalb keine Unterworkshops gebildet werden müssen. Bei der Großstadt im Zentrum des Plangebietes und dem Südraum sind jedoch, so ergab sich, aufgrund der Vielzahl der Akteure Unterworkshops zu bilden, um effizient arbeitsfähige Strukturen zu gewährleisten.
- Die thematische Ausrichtung der Workshops in den drei Teilräumen ist, wie man herausfand, durch die jeweilige besondere Interessen- und Nutzungskonfliktlage vorgegeben. Die Unterworkshops für die Großstadt im Zentrum des Plangebietes und den Südraum konnten nach den dortigen einzelnen Nutzungskonflikten individuell gegliedert werden.

5.7 Organisationspraktische Überlegungen zur begleitenden Mitwirkung von Bürgern an Projekten

5.7.1 Umsetzungsprobleme der unmittelbaren Mitwirkung von Bürgern

In der weiter oben wiederholten groben Kategorisierung der im „Instrumentenkoffer" der Bürgerbeteiligung verfügbaren Methoden waren vier Methodengruppen aufgeführt worden, die bei einer dem prozessualen Prinzip folgenden Bürgerbeteiligung benötigt werden. In den vorstehenden Abschnitten war allerdings – auch da, wo es um „gute Praxis" ging – zunächst immer nur von der ersten Methodengruppe die Rede, bei der möglichst zahlreichen Menschen die Äußerung von Wünschen, Vorstellungen, Präferenzen und Erwartungen unter Entwicklung von oder der Auswahl zwischen Alternativen gestattet werden sollen.

Wie sich wiederholt zeigte, sind beim Einsatz solcher Methoden praktische Hürden zu überwinden, deren Nichtbewältigung unbemerkt bleiben kann, was leicht zum Leerlaufen der Bürgerbeteiligung führt. Probleme, für welche nicht ohne Weiteres Lösungsmöglichkeiten bereitstehen, stellen sich aber auch bei der praktischen Umsetzung der an zweiter Stelle genannten Methodengruppe ein: bei denjenigen Methoden, welche einer notwendigerweise beschränkteren Anzahl von Menschen die unmittelbare Mitwirkung an der Erarbeitung von Gestaltungsentwürfen und Plänen erlauben sollen.

In dem oben angeführten – und kritisch kommentierten – defizitären alltagsgängigen Prozessschema waren die betreffenden Prozessabschnitte ausgespart bzw. einer „internen“ Zusammenfassung und Verarbeitung der Bürgeräußerungen unter Zusammenführung mit Expertenurteilen vorbehalten worden. Damit war der Bedarf an Methoden, die Bürgern die unmittelbare Mitwirkung an Arbeiten im Zusammenhang mit der Erstellung von Gestaltungsentwürfen und Plänen ermöglich sollen, praktisch auf Null reduziert und umgangen.

Die Bürgerbeteiligung war damit auf ein *„intermittierendes“ Ablaufprinzip* reduziert, was allerdings – auch bei „guter Praxis“ – nicht in jedem Einzelfall einen Einwand bedeuten muss. Schließlich lässt sich vorstellen, dass in jeweils nachfolgende Beteiligungsphasen eine Prozedur eingefügt wird, die den Bürgern eine Möglichkeit vermittelt, den Einfluss der zwischenzeitlich eingeflossenen Expertenurteile (und zusätzlich auch die Auswirkungen anderweitiger zwischenzeitlicher Einflüsse, so z.B. von Investoren) zu kontrollieren und gegebenenfalls Revisionen zu veranlassen. Die Vermeidung solcher Korrekturschritte wird allerdings schon deswegen im Interesse einer „pragmatisch“ denkenden und handelnden Projektleitung sein, weil letztere zusätzliche Zeitaufwendungen und Kosten mit sich bringen.

Überlegungen bezüglich „guter Praxis“ werden somit mit hoher Wahrscheinlichkeit dazu führen, dass man von der intermittierenden zu einer *kontinuierlich begleitenden Bürgerbeteiligung* übergehen möchte. Die Frage ist folglich, wie man Bürgern in den gängigerweise Experten vorbehaltenen Phasen einer Vorhabensbearbeitung Mitwirkungsmöglichkeiten eröffnen kann. In der amerikanischen Partizipationsliteratur ist inzwischen das unmittelbare „embedding“ von Bürgern in Prozessabläufe, die einen „policy impact“ anzielen, ein intensiv erörtertes Thema (vgl. Leighninger 2012, S. 19), wobei den Beteiligten klar ist, dass hier Probleme spezieller Art auftauchen, die der Lösung bedürfen, wenn sich ein Erfolg einstellen soll.

„Informelle“ Beteiligungskonzepte älterer Art, die punktuell und episodisch angelegt sind (vgl. oben), müssen hier von Anfang an scheitern, weil sie keine eindeutigen Ansatzpunkte zur Verfügung stellen, die für das „Andocken“ an Projektbearbeitungsprozesse benötigt werden.

Anders verhält es sich bei dem hier vertretenen prozessual angelegten Beteiligungskonzept, dessen Handlungslogik dem übergreifenden Handlungsprinzip entspricht, dem auch die übrigen im Spiel befindlichen Akteure folgen (vgl. Abb. 7). Indem es die Beteiligungsplanung am jeweiligen Vorhabenablauf ausrichtet, gewährleistet es die Möglichkeit einer stimmigen Aufeinanderfolge und gegenseitigen Zuordnung gemeinsamer

Handlungsebenen und öffnet grundsätzlich den Spielraum für direkte Kommunikationsbezüge.

Alle Beteiligten können unter dieser Bedingung demselben Prozessmuster folgen und sich auf den einzelnen Prozessstufen auf der Grundlage konkreter Definitionen von Tätigkeitsschritten begegnen, für die sich spezifische Aufgabenstellungen formulieren lassen. Diese können ihrerseits in unterschiedliche – aber ineinander greifende – Tätigkeitsrollen ausdifferenziert werden, in denen dann unterschiedlich gelagerte Tätigkeitsmotive und Interessen der Beteiligten zur Geltung kommen können.

Die nichtsdestoweniger verbleibenden Schwierigkeiten sind eher praktischer Art. Sie ergeben sich insbesondere daraus, dass die Arbeit von „Experten" betrieblich organisiert ist und einem Anweisungs- und Zeitregime unterworfen ist, das freiwillig tätigen Bürgern nicht zugemutet werden kann. Der Erfolg der Expertenarbeit hängt außerdem von der Verfügung über Qualifikationen ab, die in der Regel bei Bürgerinnen und Bürgern nicht oder nur eingeschränkt vorausgesetzt werden können.

Daher kann den Bürgern – falls sie wider Erwarten ein betriebliches Anweisungs- und Zeitregime zu akzeptieren bereit sind – mit hoher Wahrscheinlichkeit nur eine Hilfstätigkeits-Rolle übertragen werden. Zu den Erwartungen, die sich mit der betrieblichen Organisation der Expertentätigkeit verbinden, rechnet aber auch die Notwendigkeit der Selbstverpflichtung auf einen bestimmten Tätigkeitszeitraum. Hinzu kommen letztlich z.B. Versicherungs- und Kostenerstattungsprobleme, die den Kreis der Hemmnisse voll machen.

5.7.2 Integriertes Beteiligungs- und Projektmanagement als Lösungsperspektive

Dies alles gilt natürlich nur unter der Voraussetzung, dass eine unmittelbare Mitwirkung von Bürgerinnen und Bürgern in Vorhabenabläufen die Übernahme einer normalen „Arbeitnehmerrolle" mit sich bringt.

Hierzu besteht allerdings unter der Bedingung kein Anlass, dass sich die jeweilige Verwaltung an den Grundsätzen eines modernen Projektmanagements orientiert, das ohne grundsätzliche Schwierigkeiten zu einem *„integrierten Beteiligungs- und Projektmanagement"* erweitert werden kann. In einem solchen Rahmen kann Bürgerinnen und Bürgern dann ein angemessener Autonomiespielraum wie auch eine variable und grundsätzlich „locker" ausgestaltbare, nichtsdestoweniger aber eine produktive Mitwirkung ermöglicht werden.

Anstelle einer Synopse der verzweigten Literatur zum Thema des Projektmanagements[5] soll bei der Annäherung an das Thema eines integrierten Partizipations- und Projektmanagements nachfolgend eine Einzelquelle zugrunde gelegt werden, für deren besondere Eignung die Tatsache spricht, dass sie bereits in einem partizipativen Kontext[6] zur Verwendung gelangt ist und insofern den „Lackmustest" bestanden hat. Gemeint ist das „Projektmanagementhandbuch" der Senatsverwaltung für Inneres und für Sport des Landes Berlin, dessen landesweite Anwendung der Staatssekretärsausschuss des Landes in seiner Sitzung am 7. Mai 2007 empfohlen hat (Senatsverwaltung für Inneres und Sport des Landes Berlin 2007).

Das Projektmanagementhandbuch, das als allgemeine „Grundlage für die Durchführung von Projekten für die Berliner Verwaltung" (Senatsverwaltung für Inneres und Sport des Landes Berlin 2007, S. 3) bestimmt ist, d.h. also keineswegs speziell auf Projekte mit Bürgerbeteiligung zugeschnitten ist, geht von dem Grundsatz aus, dass „alle von einem Projekt Betroffenen in angemessener Form in die Projektarbeit einbezogen" und „alle maßgeblich Betroffenen an der Entscheidungsfindung beteiligt" (ebd., S. 7) werden sollen. Projekte bringen dem Handbuch zufolge generell „Menschen mit unterschiedlichem ... Hintergrund aus verschiedenen Bereichen zusammen. „Projekte leben davon", so heißt es weiter, „dass offen, genau und zielgerichtet kommuniziert wird, dass Konflikte konstruktiv aufgegriffen und gelöst werden" (ebd., S.7) und dass „alle Beteiligten stets über einen aktuellen Informationsstand verfügen." (ebd., S. 7). Weiter wird aber auch davon ausgegangen, dass Projekte „Unsicherheiten, Ängste und Widerstand erzeugen, die es durch gezielte Projektkommunikation zu beseitigen gilt." Endlich wird der Grundsatz aufgestellt, dass Projekte „von dem gegenseitigen Vertrauen in die Leistungsfähigkeit der Anderen, wie auch vom Erfolgswillen und der Erfolgsfähigkeit aller Beteiligten" leben (ebd., S. 7).

Man muss sich beim flüchtigen Lesen dieses Textes dazu zwingen, nicht der Annahme anheim zu fallen, dass er speziell auf die Bürgerbeteiligung abzielt. Dass er mit den Anforderungen an Bürgerbeteiligungsvorhaben weitestgehend kompatibel ist, ist jedenfalls eindeutig. Ein unmittelbarer Bezug zu den Erfordernissen von Bürgerbeteiligungsvorhaben wird

5 Vgl. hierzu etwa die DIN-Normen 69901und 69909, wie auch die ISO-Norm 21500.

6 Vgl. hierzu das im Auftrag der Senatsverwaltung für Stadtentwicklung Berlin von L.I.S.T. Stadtentwicklungsgesellschaft mbH erarbeitete „Handbuch zur Partizipation" (Berlin, Juni 2011).

auch bei der Darstellung der grundlegenden organisatorischen Prinzipien des Projektmanagements erkennbar.

Dies gilt zunächst – was angesichts des Vorangegangenen nicht zu überraschen braucht – für die Gliederung von Projekten nach „Phasen", die im Prinzip denselben Grundsätzen prozesshaften Handelns und Entscheidens folgt, von denen wir hier ständig ausgegangen sind und die deshalb nicht im Einzelnen aufgeführt zu werden brauchen.

Dass im Mittelpunkt der organisatorischen Strukturierung von Projekten „Arbeitsgruppen" stehen, die der „fachlichen Weisung der Projektleitung" unterstehen und „klar strukturierte, ergebnisorientierte Aufgaben" wahrnehmen, die durch die Projektleitung zugewiesen werden, weist allerdings auf Grenzen der Übereinstimmung der allgemeinen Grundsätze des Projektmanagements mit Annahmen hin, die bei Überlegungen zur Organisation kooperativer Bürgerbeteiligung naheliegen. Ein unmittelbares Zusammenwirken von Verwaltungsangehörigen, Bürgerinnen und Bürgern in gemeinsamen Arbeitsgruppen kommt unter solchen Bedingungen – jedenfalls als Regel – nicht ohne Weiteres in Betracht.

Populär ausgedrückt kann „kooperative" Bürgerbeteiligung nicht darin bestehen, dass Bürgerinnen und Bürger überall da, wo im Rahmen eines Projekts gearbeitet wird, unmittelbar „die Nase rein stecken". Man muss vielmehr realistisch von der Existenz von Projektbereichen ausgehen, die für Bürgerinnen und Bürger „off limits" sind. Von einer merklichen Einschränkung solcher Bereiche wird man allenfalls bei „Bürgerprojekten" ausgehen können, die von den Bürgern selbst angestoßen werden und in denen ihnen gegebenenfalls eine maßgebliche Rolle bei der Projektleitung zufällt (vgl. hierzu oben). Selbst hier wird es aber auch Bereiche geben, in denen „die Fachleute unter sich" sind, wenn man die Gefahr vermeiden will, dass Bürgerinnen und Bürger unbesehen Aufgaben zugeteilt werden, bei deren Wahrnehmung sie Belastungen und Disziplinverpflichtungen auf sich nehmen müssten, die ihnen nicht zugemutet werden können. Außerdem müsste sich – falls einschlägiges Fachwissen kein Kriterium bei ihrer Auswahl war – aber auch ihre eventuell mangelnde Fachqualifikation hemmend bemerkbar machen, so dass ein Projekt Gefahr laufen kann, unter Dilettantismusverdacht und damit in die Fänge öffentlicher und medialer Kontrollinstanzen zu geraten.

Die allgemeinen organisatorischen Prinzipen des Projektmanagements, die aus dem Berliner Projektmanagementhandbuch ablesbar sind, vermitteln nun allerdings konkrete Aufschlüsse darüber, wo und wie unmittelbare bürgerschaftliche Mitwirkung – ungeachtet der genannten Inklusionsbegrenzungen – in der Projektarchitektur angesiedelt werden kann, ohne dass einerseits die Grundsätze eines professionellen Managements verletzt werden und andererseits die Bürgerbeteiligung auf eine fiktive Ebene zurückgedrängt wird.

Ein ergiebiger Ansatz hierzu findet sich im Berliner Managementhandbuch unter der lapidaren Überschrift „Externe“. Dem Handbuch zufolge kann es in Projekten grundsätzlich „externe Partner“ geben, die ein „spezielles Wissen“ oder „weitere personelle Kapazitäten“ einbringen. Denkbare Kooperationsformen sind dem Handbuch zufolge in diesen Fällen „die völlig selbständige Erledigung von Arbeitspaketen“, die „Beratung und Unterstützung der Projektleitung“, die „Mitarbeit in einer Abstimmungsinstanz“, die „externe Qualitätssicherung im Rahmen der Entscheidungsinstanz“ wie auch sogar in besonderen Fällen die als Regel ausgeschlossene „unmittelbare Mitarbeit in einer Arbeitsgruppe“ unter Bereitstellung spezieller Arbeitsplätze, unter Befreiung von den normalen Arbeitnehmerverpflichtungen und unter möglichst genauer thematischer und zeitlicher „Eingrenzung der Tätigkeit“ (Senatsverwaltung für Inneres und Sport des Landes Berlin 2007, S. 15f.).

Besondere Aufmerksamkeit verdienen in diesem Zusammenhang die Ausführungen des Projektmanagementhandbuchs zum Thema *„Abstimminstanz“*. Es heißt hierzu:

> „In der Abstimminstanz werden die Projektergebnisse mit den vom Projekt Betroffenen abgestimmt. Sie unterstützt die Projektleitung bei der Prüfung, ob die im Projekt erarbeiteten Ergebnisse die Projektziele erfüllen. Die Mitglieder der Abstimminstanz
> - fördern die Sicherstellung der Akzeptanz der Projektergebnisse …,
> - führen die fachliche und inhaltliche Qualitätssicherung der Projektergebnisse durch,
> - geben dem Projektteam Anregungen zur Nachbearbeitung bei fachlichen Mängeln,
> - können eigene Alternativvorschläge über die Projektleitung in die Entscheidungsinstanz einbringen …“ (Senatsverwaltung für Inneres und Sport des Landes Berlin 2007, S. 11).

Zur Arbeitsweise der Abstimminstanz heißt es abschließend:

> „Je nach Projekt kann es sinnvoll sein, ein festes Gremium einzurichten, Anhörungen oder Workshops durchzuführen, oder Stellungnahmen einzuholen. Die Projektleitung ist dafür verantwortlich dass die Hinweise der Abstimminstanz bei der Projektarbeit und bei der Entscheidungsfindung angemessen berücksichtigt werden.“ (ebd., S. 11).

Sollen diese Empfehlungen auf ihre Übertragbarkeit in das Organisationskonzept der Bürgerbeteiligung überprüft werden, muss berücksichtigt werden, dass das Projektmanagementhandbuch bei den „vom Projekt Betroffenen“ nicht nur an Bürgerinnen und Bürger denkt, sondern an alle Akteure des projektspezifischen Governance-Kontextes, d.h. weitere Behörden und Dienststellen, Vertreter des öffentlichen Interesses, gegebenenfalls auch Vertreter anderer Kommunen und Investoren. Geht man davon aus, dass die Abstimminstanz arbeitsfähig sein muss, dann ist von einer begrenzten Mitgliederzahl dieses Gremiums auszugehen, so dass sich hier nur verhältnismäßig wenige Repräsentanten der verschiedenen Gruppen, d.h. aber auch der Bürgerinnen und Bürger befinden können.

Zu genau derselben Beschränkung gelangt man, wenn man das Thema von der Bürgerbeteiligungsseite her aufrollt. Auch hier wird man dem fachlichen „Arbeitskern“ des Projekts nicht ein Gremium zuordnen wollen, das ausschließlich aus Bürgerinnen und Bürgern besteht, sondern eher einen runden Tisch, an welchem sich alle im Spiel befindlichen Interessen begegnen. Eben diese Überlegung veranlasst allerdings dazu, im Hintergrund der Gruppenrepräsentanten, die im Abstimmgremium tätig werden, *„Begleitgruppen“* der jeweils Vertretenen zu etablieren, in denen sich die eigentlichen Prozesse gruppenspezifischer Meinungsbildung vollziehen, deren Ergebnisse dann von den jeweiligen Repräsentanten in das Abstimmgremium eingebracht werden.

Damit ein solches Konzept funktionsfähig wird, muss es durch die Forderung eines lebendigen und kontinuierlichen Kontakts zwischen den Mitgliedern des Abstimmgremiums und den hinter ihnen stehenden Begleitgruppen angereichert werden.

Zur Sicherung der Interessen der Beteiligten und insbesondere auch der Zielsetzungen der Bürgerbeteiligung ist es notwendig, dass in dem Abstimmgremium keine Abstimmungen nach dem Mehrheitsprinzip stattfinden, die zur „Überrollung“ einzelner ‚Mitgliederbänke’ führen könnten, sondern dass dem Konsensprinzip gefolgt wird und im Dissens- oder Konfliktfall konfliktlösende Verfahren angewendet werden. Im Grenzfall des Auftretens von Konflikten, die innerhalb des Gremiums selbst nicht lösbar sind, muss ein Beschluss der Entscheidungsinstanz, d.h. also je nach Zuständigkeit des Gemeinderat oder des/der (Ober-)Bürgermeister/in, herbeigeführt werden.

Unter Einbeziehung dieser Ergänzungen zeichnet sich ein Organisationsmodell ab, das in das Bürgerbeteiligungs-Konzept gegebenenfalls ohne weitere Änderungen übernommen werden kann.

5.7.3 Zwischenfazit: Chancen projektbegleitender Bürgerbeteiligung aus organisationspraktischer Perspektive

Auch wenn man von „Bürgerprojekten", d.h. von Projekten ausgeht, die von den Bürgerinnen und Bürgern eingebracht werden, ergeben sich hinsichtlich der sichtbar werdenden engen Beziehungen zwischen dem Organisationskonzept des modernen Projektmanagements und den organisatorischen Bedingungen „realistischer" Bürgerbeteiligung keine wesentlichen Änderungen. Auch hier gilt:

- Erstens ist es erforderlich, einen fachlichen Arbeitskern mit den Ideen und Vorschlägen mitgestaltender Bürgerinnen und Bürger in eine unmittelbare Beziehung zu bringen, die dem Kooperationsprinzip folgt;
- zweitens müssen auch hier Möglichkeiten eines Ideen- und Interessenausgleichs zwischen den Bürgerinnen und Bürgern sowie weiteren am Projekt zu beteiligenden Akteuren mitgedacht werden;
- drittens müssen auch hier alle beteiligten – oder legitimerweise zu beteiligenden – Akteure zusammentreffen und in einen Diskurs treten können;
- viertens wird es auch hier erforderlich sein, ein konsensorientiertes Kommunikationsprinzip zu etablieren, das den Fall der Konfliktbehandlung einbezieht;
- fünftens muss auch hier das im Idealfall konsensuelle Ergebnis dem zuständigen Entscheidungsgremium zur Beschlussfassung zugeleitet werden.

Geht man zusätzlich davon aus, dass die Entscheidungsinstanz in Kommunen der Gemeinderat bzw. im Einzelfall der/die (Ober-)Bürgermeister/in ist, dann erhält man somit bei der Nutzung der organisatorischen Struktur des modernen Projektmanagements ein Grundgerüst für die Organisation einer kontinuierlich begleitenden Bürgerbeteiligung, das für alle infrage kommenden Projektfälle gilt und das – von einzelnen Ergänzungen (vgl. oben und nachfolgend) abgesehen – *keine Notwendigkeit eines „Umdenkens" gegenüber den für eine moderne Verwaltung ohnehin maßgeblichen Organisationsprinzipien* mit sich bringt.

Ins Grafische übersetzt könnte das grundlegende Organisationsmodell einer kontinuierlich begleitenden Bürgerbeteiligung unter Nutzung einer für die Zwecke dieser Darstellung überarbeiteten Organisationsskizze, die sich im Berliner Managementhandbuch findet, so aussehen, wie in Abb. 9 auf der folgenden Seite dargestellt ist.

≡ Abb. 9: Organisationsmodell eines projektbegleitenden Bürgerbeteiligungsprozesses

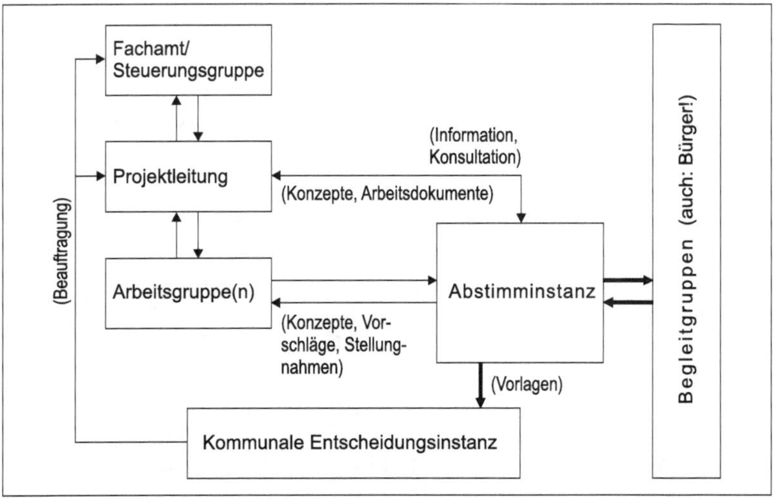

Quelle: Eigene Darstellung in Anlehnung an das Projektmanagementhandbuch der Senatsverwaltung für Inneres und Sport des Landes Berlin (2007, S. 16).

5.7.4 Organisationspraktische Konkretisierungen

Der Vorstoß in Richtung organisationspraktischer Perspektiven realistischer Bürgerbeteiligung soll noch einige Schritte weiter fortgesetzt werden, ohne dass allerdings der Beteiligungspraxis die Chance genommen werden soll, Erfahrungen zu sammeln, auf deren Hintergrund die Entwicklung von Anleitungen für eine alltagstaugliche Umsetzung der Bürgerbeteiligung leichter fallen wird als vom „grünen Tisch" der Modellentwicklung her.

Der erste Punkt, an welchem Ergänzungen wichtig erscheinen, betrifft die *unterschiedliche Größenordnung der in einer Kommune erwartbaren Projekte* mit Bürgerbeteiligung. Geht man vom Referenzmodell des Projektmanagements aus, dann werden grundsätzlich große Projekte zugrunde gelegt. Wie aber liegen die Verhältnisse bei kleineren Projekten, die möglicher Weise sogar die Mehrzahl der für Bürgerbeteiligung infrage kommenden Projekte darstellen? Kann auch dann das vorstehend skizzierte Organisationsschema verwendet werden, oder bedarf es hierzu eines andersartigen Ansatzes?

Es soll bei der Beantwortung dieser Frage von der Möglichkeit Gebrauch gemacht werden, „sich die Sache leicht zu machen", was insofern naheliegt, als es sich bei dem unterlegten Referenzmodell ja um eine Anleitung aus der Praxis für die Praxis handelt. Dies bedeutet, dass man sich bei der Beantwortung der Frage grundsätzlich daran orientieren kann, wie beispielsweise die Berliner – oder etwa auch die Heidelberger – Verwaltung mit kleineren Projekten umgeht.

Konkret kann man sich bei der Entscheidung über die Beschaffenheit des Abstimmgremiums auf ein einfaches und leicht zu handhabendes Verfahren wie z.B. den „Runden Tisch" festlegen, das den jeweiligen Umständen flexibel anpassbar ist. Ebenso lässt sich vorstellen, dass die Verknüpfungen zwischen diesem Gremium und dem professionellen Arbeitskern, d.h. der oder den Arbeitsgruppe(n), relativ informell gehandhabt werden.

Informale Lösungen kann man sich auch für diejenige(n) Bürgergruppierung(en) vorstellen, die im obigen Modell unter dem Pseudonym „Begleitgruppe" auftauchen, wenngleich bestimmte Minimalanforderungen für eine Bürger-Begleitgruppe in jedem Fall vorgegeben sein sollten. Zu einem solchen Anforderungskatalog sollte gehören,

- dass sie einen leistungsfähigen, gleichzeitig aber auch von der Zustimmung der Mitglieder getragenen Organisationskern besitzen muss;
- dass ihre Mitgliederzusammensetzung die im Spiel befindlichen Interessen abbilden muss;
- dass sie in der Lage sein muss, die Bewältigung bestimmter unabdingbarer Aufgabenstellungen innerhalb eines angemessenen Zeitrahmens zu gewährleisten;
- dass sie zu diesem Zweck in der Lage sein muss, eine hinreichende Frequenz von Zusammenkünften zu realisieren und gegebenenfalls Arbeits- bzw. Diskursgruppen oder -kreise in geeigneten Formen zu bilden (vgl. hierzu den „Instrumentenkasten" der Bürgerbeteiligung);
- dass auch eine angemessene Zuverlässigkeit der kontinuierlichen Teilnahme eines Mitgliederkerns sichergestellt sein muss;
- dass sie in der Lage sein muss, organisierte Meinungsbildungsprozesse mit klaren Mehrheitsbildungs- und Entscheidungsregeln zu organisieren.

Es handelt sich hierbei um Anforderungen, die im Rahmen einer kommunalen Satzung festgehalten und gegebenenfalls in einer Muster-Geschäftsordnung weiter abgeklärt und ausdifferenziert werden sollten.

Im Übrigen wird man sich bei der Generierung dieses Kernelements der Bürgerbeteiligung aber möglichst weitgehend auf die Selbstorganisationsfähigkeit der Bürgerschaft, die durch den (die) von der Kommune eingesetzte(n) Beteiligungskoordinator(en) unterstützt wird, verlassen. Dabei kann es nützlich sein, auf überdauernde Strukturelemente der lokalen Zivilgesellschaft wie z.B. gemeinwohlorientierte Vereine zu bauen.

Naturgemäß ist es naheliegend, dass sich in denjenigen Fällen, in denen Projekte von den Bürgern angestoßen werden, die Begleitgruppe aus der/den initiierenden Gruppierung(en) heraus generiert.

5.8 Rechtlich bedingte Grenzen der Bürgerbeteiligung

Rechtlich bedingte Realisierungsprobleme der Bürgerbeteiligung sind insbesondere angesichts des gegenwärtigen Formulierungsstands der Gemeindeordnungen der Länder mit Händen zu greifen. Die für die Bürgerbeteiligung maßgeblichen Abschnitte dieser Rechtsquellen eröffnen zwar einige Möglichkeitsspielräume. Sie definieren aber zugleich auch enge Grenzen, die bei der Formulierung von Beteiligungsleitlinien an strategischen Punkten zu komplizierten Umwegen zwingen. Gegenwärtig gibt es keine einzige Gemeindeordnung, welche den Kommunen die erforderlichen Handlungsspielräume eröffnen würde. Bezeichnenderweise wird man Mühe haben, in den Gemeindeordnungen der Länder überhaupt das Wort „Bürgerbeteiligung“ zu entdecken.

Angesichts der momentan in einigen Ländern angelaufenen Diskussionen über eine zweckentsprechende Revision der Gemeindeordnung soll die hier bestehende Problematik nichtsdestoweniger an dieser Stelle ausgeklammert werden. An Stelle dessen werden nachfolgend einige weitere rechtlich bedingte Probleme angesprochen, die in der aktuellen Diskussion meist ausgespart werden und denen deshalb ein dringlicher Erörterungsbedarf zuzusprechen ist. Es werden vorrangig solche Probleme angegangen, die sich aus der Rechtslage ergeben, welche bei der frühzeitigen und umfassenden Information der Bürgerinnen und Bürger und bei der Einräumung von Möglichkeiten zur Einbringung eigener Beteiligungswünsche zu beachten sind.

5.8.1 Rechte privater Investoren und der Umgang mit ihnen

Ein wichtiger Aspekt, der bei Erörterungen über Bürgerbeteiligung öfters wie ein drohender Schatten im Raum steht, sind die Rechte privater Investoren. Ihnen wird im Allgemeinen eine ablehnende Haltung gegenüber Bürgerbeteiligung zugeschrieben. Vielfach wird die Vermutung geäußert, Bürgerbeteiligung gefährde die Attraktivität von Kommunen für Investoren und damit letztlich auch die Lebensqualität der Bürgerinnen und Bürger. Viele Kommunen neigen allein deswegen dazu, von einer intensiveren Befassung mit den Möglichkeiten der Bürgerbeteiligung abzusehen.

Demgegenüber ist festzustellen, dass ein negatives Beteiligungsbild bei Investoren häufig von Gegnern der Bürgerbeteiligung ins Feld geführt wird, um Anhänger der Bürgerbeteiligung zu entmutigen und den Gemeinderat einzuschüchtern. Eigene Recherchen haben gezeigt, dass eine grundsätzliche Ablehnung der Bürgerbeteiligung bei Investoren nicht die Regel ist und sich allenfalls mit der Angst davor verbindet, zusammen mit den Bürgern würden irrationale Einflüsse investorenfeindlicher Elemente und Gefahren unkalkulierbarer Verzögerungen ins Spiel kommen.

Konkret betrachtet – und auf die Bauleitplanung bezogen – muss einem Investor in der Tat unter bestimmten Bedingungen freie Hand gewährt werden, ohne dass eine von der Kommune mitgetragene Bürgerbeteiligung infrage kommt. Dies ist überall dort der Fall, wo eine Baugenehmigung erteilt werden muss, ohne dass ein Bebauungsplan vorhanden ist oder – gegebenenfalls als ein „vorhabenbezogener" Bebauungsplan – verabschiedet werden kann. Insbesondere durch die letztere Möglichkeit wird jedoch die Zahl der faktisch infrage kommenden Fälle stark eingeschränkt werden, falls der Gemeinderat die ihm verfügbaren Handlungsspielräume nutzt.

Davon abgesehen empfiehlt es sich allerdings, einen Investor von Anfang an in die in der Kommune etablierte Bürgerbeteiligungspraxis einzubinden und ihn zum Partner eines entsprechend erweiterten trialogischen Vertrauensverhältnisses werden zu lassen. Hierbei wird es eine entscheidende Rolle spielen, ob eine Kommune in der Lage ist, einem Investor das Vertrauen in ihre Fähigkeit zur effizienten und effektiven Gestaltung von Bürgerbeteiligungsprozessen zu vermitteln. Dabei ist unter Umständen das Vorhandensein eines institutionell abgesicherten Konzeptes von Bürgerbeteiligung ausschlaggebend. Entscheidend wird letztlich sein, dass der Investor den Eindruck gewinnt, dass der für ihn selbst erstrangig wichtige *Leitgesichtspunkt der Planungssicherheit* von der Kommune mitgetragen wird und zu den Grundbedingungen des von ihr vertretenen realistischen Konzepts gehört. In der Regel sollte es unter dieser Bedingung möglich sein, den Investor zu einer freiwilligen Zustimmung zur Bürgerbeteiligung und gegebenenfalls auch zu einer direkten Beteiligung am Verfahrensgang zu gewinnen.

5.8.2 Das Problem der städtischen Beteiligungen

Obwohl das Thema der Bürgerbeteiligung bei städtischen Beteiligungen in den aktuellen Bürgerbeteiligungsdiskursen nur spärlich erörtert wird, besitzt es praktisch gesehen eine mindestens ebenso große Bedeutung wie das Investorenthema, zumal sich Lösungsperspektiven weniger deutlich abzeichnen.

Im Hintergrund dieser Feststellung steht eine starke Entkommunalisierungsbewegung in Deutschland in den zurückliegenden Jahren, die zu einer weitgehenden Privatisierung kommunaler Betriebe führte, welche teils in kommunale Eigenbetriebe in privater Rechtsform überführt, teils aber auch von überörtlich arbeitenden Gesellschaften mit privater Rechtsform übernommen wurden. Durch diese Entwicklung wurden wesentliche Bereiche der den Kommunen obliegenden Daseinsvorsorge der direkten Gestaltungs- und Entscheidungsbefugnis der Gemeinderäte entzogen und den Gesetzlichkeiten des Marktes – und damit auch dem privatwirtschaftlichen Gewinnerzielungskalkül – unterworfen.

Zahlreiche Kommunen haben inzwischen ein „Beteiligungsmanagement" entwickelt. Außerdem machen es die Gemeindeordnungen der Länder den Kommunen zur Pflicht, die wirtschaftliche Tätigkeit ihrer in private Rechtsform übertragenen Unternehmen zu steuern. Gleichzeitig sind die Aufsichtsräte dieser Unternehmen zumindest mehrheitlich mit Vertretern der Kommune besetzt. Nichtsdestoweniger wird die Gefahr einer Verselbständigung der privatisierten kommunalen Unternehmen allenthalben gesehen und als lösungsbedürftiges Problem erörtert. Insbesondere der Wettbewerbsdruck, dem sich privatisierte kommunale Unternehmen ausgesetzt sehen, zwingt ihnen eine „marktrationale" Verhaltensweise auf, welche die ihnen eigentlich obliegende Berücksichtigung des Gemeinwohlinteresses, das einem andersartigen Rationalitätsprinzip folgt, oftmals in den Hintergrund treten lässt.

Zu den Einbußen, die sich hierbei einstellen, zählt vorrangig auch die weithin praktizierte Ausklammerung der kommunalen Unternehmen – und zusammen damit überwiegender Teile der kommunalen Daseinsvorsorge – aus den aktuellen Überlegungen zur Bürgerbeteiligung. Zwar kann den kommunalen Vertretern in den Aufsichtsräten privatisierter Unternehmen vom Gemeinderat bzw. dem/der (Ober-)Bürgermeister/in aufgetragen werden, auf Bürgerbeteiligung im Sinn des in der Kommune vorhandenen Verfahrenskonzepts hinzuwirken.[7] Eine verpflichtende Bindungswirkung

7 Vgl. hierzu z.B. den Abschnitt 3.3 der Leitlinien für die mitgestaltende Bürgerbeteiligung in der Stadt Heidelberg.

kommt einer solchen Beauftragung aber nicht zu, so dass ein möglicher Anschluss eines privatisierten kommunalen Unternehmens an ein kommunales Bürgerbeteiligungskonzept allenfalls auf freiwilliger Grundlage erfolgen kann.

Die Frage, inwieweit sich privatisierte kommunale Unternehmen einer solchen Selbstbindung bisher bereits unterzogen haben oder diesbezügliche Absichten haben, kann angesichts mangelnder Informationen zum gegenwärtigen Zeitpunkt nicht beantwortet werden. Auch für eine diesbezügliche Hypothesenentwicklung bestehen bisher keine ausreichenden Anhaltspunkte.[8]

5.8.3 Hürden in den Vorschriften zu Planungs-/Architektenwettbewerben

Zu den Rechtsnormen, welche die Entwicklung von Bürgerbeteiligungskonzepten in den Kommunen beeinflussen und gegebenenfalls auch behindern, gehören neben den Gemeindeordnungen und dem BauGB auch die auf Bundesebene verabschiedeten „Leitlinien für Planungswettbewerbe“ (RPW) von 2008, deren Übernahme in die Rechtsvorschriften der Bundesländer empfohlen wurde. Die Anwendbarkeit kommunaler Bürgerbeteiligungskonzepte wird durch diese Leitlinien zunächst dadurch eingeschränkt, dass § 6 für das Preisgericht (oder: die Jury), das verbindlich über die Wettbewerbsbeiträge entscheidet, eine Zusammensetzung vorschreibt, in welcher „Fachpreisrichter“ mit entsprechender beruflicher Qualifikation die Mehrheit haben. Weiterhin wird in § 8 vorgeschrieben, dass der Auslober des Wettbewerbs, beispielsweise die Kommune, bezüglich der Beauftragung von Wettbewerbsteilnehmern mit der Umsetzung der Wettbewerbsergebnisse an die Entscheidung des Preisgerichts gebunden ist, „sofern nicht ein wichtiger Grund der Beauftragung entgegensteht“.

Das erste Problem, das mit diesen Regelungen verbunden ist, besteht darin, dass die Kommune zwar die Preisrichter bestimmen kann, hierbei aber an Auswahlgesichtspunkte gebunden ist, welche es z.B. verbieten, bei der Einbeziehung von Bürgerinnen und Bürgern Vorschläge vorschlagsberechtigter Vertreter der kommunalen Öffentlichkeit auf die in den jeweiligen Leitlinien vorgesehene Weise zu berücksichtigen. Praktisch wird den Kommunen aufgetragen, eine Qualifikationsprüfung bei vorgeschlagenen Bürgerinnen und Bürgern vorzunehmen, um der Vorschrift der Gewährleistung einer fachlich qualifizierten Mehrheit gerecht zu werden.

8 Vgl. zu dem gesamten Themenbereich auch Otto 2002.

Gleichzeitig müssen Bürgerinnen und Bürger, denen eine fachliche Qualifikation nicht zuerkannt werden kann, zurückgewiesen werden. Streng genommen entscheiden in der Jury somit – unabhängig davon, ob es sich um Einwohner der Kommune handelt – Fachleute und nicht Bürgerinnen und Bürger. Will die Kommune nicht eine empfindliche Infragestellung ihrer eigenen Regelungen für den Zugang zur Bürgerbeteiligung hinnehmen, muss sie eine Lösung des damit aufgeworfenen Problems finden.

Gleichermaßen schwerwiegend ist, dass der Gemeinderat nur unter der Bedingung von der Entscheidung der Jury abweichen kann, dass „ein wichtiger Grund" hierfür vorliegt, der gegebenenfalls auch einer gerichtlichen Prüfung standhält. Die Verfasser der Richtlinien hatten bei ihrer unbestimmten Formulierung vor allem daran gedacht, dass die finanziellen Forderungen des ausgewählten Preisträgers oder die Ausführungskosten seines Entwurfs die Möglichkeiten der Kommune übersteigen könnten.

Wollen die Kommunen nicht darauf verzichten, den Bürgerinnen und Bürgern eine Mitwirkung bei der Entscheidung über Wettbewerbsergebnisse und ihre Umsetzung einzuräumen, dann müssen sie dazu bereit sein, Präferenzen der Bürgerschaft, die von der Juryentscheidung abweichen, gegebenenfalls auch vor Gericht zu vertreten und sich dafür einzusetzen, dass sie als „wichtiger" Abweichungsgrund anerkannt werden.

5.9 Abschließende Betrachtung: Interessenkonflikte, Beteiligungskultur und das Bekenntnis zur repräsentativen Demokratie

5.9.1 Bürgerbeteiligung löst keine grundlegenden Interessenkonflikte

Pluralistische Demokratien beruhen auf dem Gedanken einer Vielzahl unterschiedlicher gesellschaftlicher Interessen. Interessenkonflikte sind in der pluralistischen Demokratie deshalb „Normalität". Daher ist die Erwartung unangemessen, substanziell begründete Konflikte könnten durch „mehr" Bürgerbeteiligung „wegdiskutiert" oder „gelöst" werden. Entsprechend kann Bürgerbeteiligung nie zur Akzeptanz einer Entscheidung bei allen Beteiligten führen. Dies gilt auch für eine dauerhafte und systematische Konzeptionierung von Bürgerbeteiligung, wie sie in diesem Band vorgeschlagen wird. Deshalb ist noch immer ist das Mehrheitsprinzip am Ende eines ausführlichen und transparenten Diskussionsprozesses der Weg, über den Konflikte letzten Endes gelöst werden müssen. Bürgerbeteiligung ist keine Konsensbeschafferin. Sie kann aber dazu beitragen, die jeweiligen Mehrheiten so umfassend wie möglich zu gestalten.

5.9.2 Vorabklärung der vorhandenen Beteiligungs- und Entscheidungsspielräume

Bei mitgestaltenden Bürgerbeteiligungsprozessen muss von Beginn an geklärt sein, worin der Entscheidungsspielraum besteht und wie groß der jeweilige Gestaltungsspielraum ist. Selbst wenn kein Gestaltungsspielraum vorhanden ist und der gemeinsame Dialog lediglich der Information dient, ist das nicht unbedingt als Problem zu werten. Wichtig ist aus unserer Sicht und den Erfahrungen aus der Praxis, dass die jeweilige Zielsetzung von Anfang an allen Beteiligten bekannt ist und ein Beteiligungsverfahren gewählt wird, dessen Leistungsfähigkeit mit dieser Zielsetzung übereinstimmt (vgl. Tab. 4).

Tab. 4: Ziele von Bürgerbeteiligung und dafür geeignete Verfahren nach dem Grad der Mitwirkung

Grad der Mitwirkung	Ziele der Bürgerbeteiligung	Mögliche Verfahren zur Zielerreichung
keine	Information der Bürger	Flyer Amtsblatt Lokale Medien Verfolgen von Gemeinderatssitzungen
Gering bis Mittel	Anhörung der Bürger und gemeinsamer Austausch von Grundlageninformationen, konkretem Wissen, Absichten, Erfahrungen, Sichtweisen und Interessen	Bürgerversammlung Ausschussbeteiligung von Bürgern Jugendgemeinderäte Bürgerbefragung / -panel Runde Tische / Foren Zukunftswerkstätten Planungszellen / Bürgerräte
Mittel bis Hoch	Beteiligung an der Mitgestaltung und Entscheidungsvorbereitung	Planungszellen Zukunftswerkstätten Runde Tische
Mittel bis Hoch	Konfliktbearbeitung / -lösung	Mediation Schlichtung Runde Tische
Hoch	Wahl von Repräsentanten oder unmittelbare Entscheidung über Sachfragen	Wahlen Bürgerentscheide Volksentscheide
Hoch	Von Verwaltung und Politik unabhängige Aktivitäten der Bürger zur Lösung konkreter Probleme und Fragen vor Ort	Bürgerschaftliches Engagement Selbsthilfegruppen

Quelle: angelehnt an Städtetag Baden-Württemberg 2012, S. 62ff.

5.9.3 Ungleiche Stärke von Interessen und deren Berücksichtigung

In der Regel hängt die Beteiligung von Bürgern in konfliktreichen öffentlichen Entscheidungen besonders von der Ressourcen- und Artikulationsstärke der jeweiligen Bürgerinnen und Bürger ab. Entsprechende Gruppen sind auf Grund dieser Fähigkeiten durchsetzungsfähiger in der Vermeidung von Nachteilen bzw. im Erreichen eigener Vorteile. Dieses Phänomen darf im Rahmen einer verstetigten mitgestaltenden Bürgerbeteiligung nicht aus dem Auge verloren werden. Deshalb müssen vor allem bei der Auswahl der Beteiligten solche Verfahren verstärkt eingesetzt werden, die artikulationsschwächere Bevölkerungsgruppen verstärkt zur Beteiligung motivieren und eine Überrepräsentanz der „üblichen" Verdächtigen im politischen Entscheidungsprozess vermeiden.

5.9.4 Einbettung in eine umfassendere Beteiligungskultur

Regeln allein tragen nicht automatisch zu einer Veränderung des Verhaltens bei. Deshalb muss die Verstetigung von Bürgerbeteiligung langfristig und mit einer sich parallel dazu entwickelnden „Beteiligungskultur" zusammen gedacht werden. Das heißt, Bürgerbeteiligung muss von allen Beteiligten „gelernt" und internalisiert werden. Dabei ist es – wie bereits erwähnt – wichtig, dass die beteiligten Akteure vom Nutzen der Beteiligung überzeugt sind. Das Lernen über Bürgerbeteiligung kann innerhalb der Verwaltung durch Schulungen der Verwaltungsmitarbeiterinnen und -mitarbeiter ebenso erfolgen wie durch den Aufbau von Beteiligungsseminaren in den Ausbildungswegen von Verwaltungsschulen und -studiengängen. Schwieriger dürfte sich der Lernprozess in der Politik gestalten. Entscheidungsträger müssen davon überzeugt werden, dass Bürgerbeteiligung keine Machteinbuße sein muss, sondern ein Legitimitätsgewinn bedeuten kann. Auch die politischen Entscheidungsträger müssen damit eine neue Kultur des Entscheidens im Kontext von Bürgerbeteiligung erlernen. Noch immer ist die Gefahr groß, dass Bürgerbeteiligung von politischen Minderheiten missbraucht wird, um Druck auf die jeweilige Mehrheit auszuüben. Erst mit einer größeren Selbstverständlichkeit von Bürgerbeteiligung in lokalen Planungs- und Entscheidungsprozessen dürfte der Missbrauch von Bürgerbeteiligung als politisches Machtinstrument nachlassen. Ebenso muss die Politik lernen, das eigene Handeln verständlich und öffentlich zu begründen, um auf diese Weise das Vertrauen der Bürgerinnen und Bürger immer wieder neu zu gewinnen.

Zu guter Letzt müssen auch die Bürger an Bürgerbeteiligung sowie die damit verbundenen Chancen und Aufgaben herangeführt werden.

Denn es gehört zu Kultur der Bürgerbeteiligung auch die notwendige Bereitschaft der Bürger, sich zu informieren, Zeit und Energie einzusetzen, gegebenenfalls diesbezüglich „Opfer“ zu erbringen, um an wichtigen Planungen und Entscheidungen der Kommune teilzunehmen. Grote und Gbikpi (2002, S. 25) behaupten, dass die „Qualität der Zivilgesellschaft“ ein maßgeblicher Faktor ist, um die Beteiligung aller notwendigen Interessen im Rahmen von Participatory Governance zu gewährleisten.

Die Stärkung der Zivilgesellschaft wiederum bedarf aus unserer Sicht einer breiten öffentlichen Kommunikationskultur. Sie muss dazu beitragen, dass Bürgerinnen und Bürger, die nicht unmittelbar in Bürgerbeteiligungsprojekten engagiert sind, in die Diskussionsprozesse einbezogen werden. Dasselbe gilt für junge Menschen und Randgruppen, um die Identifikation der gesamten Bürgerschaft mit ihrer Kommune zu stärken. Eine öffentliche Kommunikationskultur wächst langsam. Sie kann auf verschiedenen Wegen vorangebracht werden, unter anderem durch

- auf Dauer angelegte, regelmäßige (institutionalisierte) Gesprächsveranstaltungen zwischen politischen Entscheidungsträgern, Verwaltung und Bürgerschaft, bei denen städtische Themen – auch jenseits konkreter Bürgerbeteiligungsverfahren – gemeinsam diskutiert werden;
- Schulbesuche mit Informationen und Diskussionen zu Fragen von Stadtpolitik und Bürgerbeteiligung;
- zielgruppenspezifische Veranstaltungen, u.a. um auch beteiligungsferne Bevölkerungsgruppen in den Kommunikationsprozess einzubeziehen;
- Entwicklung von Medienpartnerschaften zu speziellen Themen;
- verständlich aufbereitete Informationen über städtische Themen (Ziele, Probleme, Argumente) auf der Homepage der Kommune und im Stadtblatt, die zielgruppenadäquat formuliert sind;
- Einführung einer festen Rubrik „Bürgerbeteiligung“ im Stadtblatt;
- die Kontaktpflege mit verschiedenen Netzwerken bürgerschaftlichen Engagements;
- die Information der Bürgerschaft über aktuelle und geplante Vorhaben, über Bürgerbeteiligung etc. in Bürgerämtern oder Stadtteilzentren;
- die Unterstützung der Kommunikations- und Beteiligungskultur in den Stadtteilen durch die Bezirksbeiräte;
- die Nutzung von „Frühinformationssystemen“ wie z.B. repräsentativen Umfragen, Rückmeldungen aus Bezirksbeiräten, dem Jugendgemeinderat, Stadtteilvereinen und anderen Vereinen, um als Entscheidungsträger oder Entscheidungsvorbereiter sensibler dafür zu

werden, welche Themen für die Bürgerinnen und Bürger wichtig sind, worüber gegebenenfalls mehr informiert werden oder Bürgerbeteiligung stattfinden sollte;
- die angemessene Einbindung der Bürgerschaft bei Architekturwettbewerben und städtebaulichen Wettbewerben. Hierzu können sowohl die Mitgliedschaft in der Jury als auch eine Gelegenheit zur öffentlichen Diskussion der eingereichten Vorschläge gehören;
- die Vereinfachung von Informationsbeschaffung und Transparenz, beispielsweise durch die Verabschiedung einer Informationsfreiheitssatzung.

Darüber hinaus wird sich eine umfassende Beteiligungskultur ohne eine wirksame mediale Unterstützung kaum entwickeln. Den Medien fällt hierbei eine aktive Rolle zu, deren Ausübung die Übernahme von Mitverantwortung einschließt. In neuen Konzepten wie dem des „public journalism“ oder „civic journalism“ kommt diese Aufgabe zum Ausdruck (vgl. Merritt 1998). Die Frage, inwieweit die Medien ihre Freiheitsabsicherung, die ihnen Art. 5 des Grundgesetzes gewährt, tatsächlich so nutzen, dass sie sie mit der Wahrnehmung einer Mitverantwortungsrolle im Kontext von Participatory Governance kombinieren, bleibt an dieser Stelle aber offen.

5.9.5 Mehr Bürgerbeteiligung ersetzt nicht die repräsentative Demokratie

Zur Diskussion über mehr Bürgerbeteiligung gehört schließlich auch das Bekenntnis zur repräsentativen Demokratie. Sie bleibt weiterhin das dominierende Entscheidungsmodell unserer Demokratie. Dies ist schon aus Gründen der funktionalen Differenzierung und Arbeitsteilung in einer so hoch entwickelten Gesellschaft wie der Bundesrepublik Deutschland notwendig. Aus diesem Grund sollte im Zusammenhang mit der Diskussion über mehr Bürgerbeteiligung auch reflektiert werden, wie die Vorzüge der repräsentativen Demokratie der breiten Öffentlichkeit immer wieder bewusst gemacht und politische Parteien wieder als längerfristige Beteiligungsplattformen in das Sichtfeld der Bürgerinnen und Bürgern gerückt werden können. Parteien sind in modernen Demokratien notwendig, um die Bevölkerung auf Dauer in das politische System zu integrieren. Gerade auf lokaler Ebene verlieren die etablierten Parteien aber seit Jahren an Rückhalt (vgl. u.a. Holtmann 2001; Vetter/Kuhn 2012). Neue Parteien und parteifreie Listen wachsen. Dies kann für die lokale Politik fruchtbar sein. Im Hinblick auf das gesamte repräsentative System gilt dies jedoch nicht. „Democracy without parties might be unthinkable, but large modern legislatures without political parties is almost inconceivable“ (Dalton/Wattenberg 2000, S. 9). Parteien müssen angesichts ihrer gesamtgesellschaftlichen Integrationsfunktion auch im Rahmen einer verstetigten, von Dauer und Systematik geprägten Bürgerbeteiligung eine feste Rolle finden, um langfristig die Legitimation von Politik in modernen Demokratien zu stützen.

Literatur

Arzberger, Klaus 1980: Bürger und Eliten in der Kommunalpolitik. Stuttgart u.a.O.: Verlag W. Kohlhammer/Deutscher Gemeindeverlag.

Barrett, Gregory/Wyman, Miriam/Schattan P. Coelho, Vera 2012: Assessing the Policy Impact of Deliberative Civic Engagement. In: Nabatchi, Tina/Gastil, John/ Leighninger, Matt /Weiksner, G. Michael (Hg.): Democracy in Motion. Evaluating the Practice and Impact of Deliberative Civic Engagement. Oxford: Oxford University Press. S. 181–205.

Bellah, Robert N./Madsen, Richard/Sullivan, William M./Swidler, Ann/Tipton, Steven M. 1987: Gewohnheiten des Herzens: Individualismus und Gemeinsinn in der amerikanischen Gesellschaft. Köln: Bund.

Bertelsmann Stiftung, Deutscher Städtetag u. Deutscher Städte- und Gemeindebund (Hg.) 2008: Beruf Bürgermeister/-in. Eine Bestandsaufnahme für Deutschland, Online-Publikation unter www.kommunen-schaffen-zukunft.de.

Bertelsmann Stiftung (Hg.) 2009: Demokratie und Integration in Deutschland. Gütersloh: Verlag Bertelsmann Stiftung.

Bundesministerium für Verkehr, Bau und Stadtentwicklung 2012: Handbuch für eine gute Bürgerbeteiligung. Planung von Großvorhaben im Verkehrssektor.

Condorcet, Marie-Jean-Antoine-Nicolas Caritat 1976: Entwurf einer historischen Darstellung der Fortschritte des menschlichen Geistes, hrsg. v. Wilhelm Alff. Frankfurt am Main.: Suhrkamp.

Crouch, Colin 2008: Postdemokratie. Frankfurt am Main: Suhrkamp.

Dahl, Robert A. 1967: The City in the Future of Democracy. In: American Political Science Review, Vol. 61, S. 953–970.

Dahl, Robert A. 1992: The Problem of Civic Competence. In: Journal of Democracy, Vol. 3, S. 45–59.

Dalton, Russell J./Wattenberg, Martin P. 2000: Unthinkable Democracy. Political Change in Advanced Industrial Democracies. In: Dalton, Russell J./Wattenberg, Martin P. (Hg.): Parties without partisans: Political change in advanced industrial democracies. Oxford: Oxford University Press, S. 3–16.

Easton, David 1965: A System Analysis of Political Life. New York u.a.O.: John Wiley & Sons.

Elias, Norbert 2003: Die Gesellschaft der Individuen. Frankfurt am Main: Suhrkamp.

Etzioni, Amitai 1995: Die Entdeckung des Gemeinwesens. Ansprüche, Verantwortlichkeiten und das Programm des Kommunitarismus. Stuttgart: Schäffer-Poeschel.

Fraenkel, Ernst 2011: Deutschland und die westlichen Demokratien. 9., erw. Aufl. Baden-Baden: Nomos

Freitag, Markus/Wagschal, Uwe (Hg.) 2007: Direkte Demokratie. Bestandsaufnahmen und Wirkungen in internationalen Vergleich. Berlin u.a.O.: Lit Verlag.

Gabriel, Oscar W./Walter-Rogg, Melanie 2006: Bürgerbegehren und Bürgerentscheide – Folgen für den kommunalpolitischen Entscheidungsprozess. In: Deutsche Zeitschrift für Kommunalwissenschaften, 45. Jg., Heft 2, S. 39–56.

Gabriel, Oscar W. 2008: Politische Einstellungen und politische Kultur. In: Gabriel, Oscar W./Kropp, Sabine (Hg.): Die EU-Staaten im Vergleich. Strukturen, Prozesse, Politikinhalte. 3., akt. u. erw. Aufl. Wiesbaden: Springer, S. 181–214.

Grote, Jürgen R./Gbikpi, Bernhard 2002: Introduction. In: dies. (Hg.): Participatory Governance: Political and Societal Implications. Opladen: Leske + Budrich, S. 17–34.

Güth, Werner/Schmittberger, Rolf 1982: An experimental analysis of ultimatum bargaining. In: Journal of Economic Behavior & Organization, Vol. 3, Issue 4, S. 367–388.

Hartleb, Florian/Jesse, Eckhard 2005: Direkte Demokratie in der Bundesrepublik Deutschland: Positionen und Kontroversen. In: Massing, Peter/Bergem, Wolfgang (Hg.): Direkte Demokratie. Eine Einführung. Wiesbaden: VS Verlag, S. 13–38.

Herrmann, Heike 2002: Bürgerforen. Ein lokalpolitisches Experiment der Sozialen Stadt. Opladen: Leske + Budrich.

Hesse, Joachim Jens 1986: Erneuerung der Politik „von unten"? Stadtpolitik und kommunale Selbstverwaltung im Umbruch. Opladen: Leske + Budrich.

Heuß, Theodor 1921: Demokratie und Selbstverwaltung. Berlin: Staat und Wirtschaft.

Heußner, Hermann K./Jung, Ottmar (Hg.) 2009: Mehr Demokratie wagen. Volksentscheid und Bürgerentscheid: Geschichte – Praxis – Vorschläge. München: Olzog.

Hirscher, Gerhard/Huber, Roman (Hg.) 2006: Aktive Bürgergesellschaft durch bundesweite Volksentscheide? Direkte Demokratie in der Diskussion. München: Hanns-Seidel-Stiftung e.V.

Holtkamp, Lars/Bogumil, Jörg/Kißler, Leo 2006: Kooperative Demokratie. Das politische Potenzial von Bürgerengagement. Frankfurt am Main/New York: Campus.

Holtmann, Everhard 2001: Parteien und Wählergruppen in der Kommunalpolitik. In: Gabriel, Oscar W./Niedermayer, Oskar/Stöss, Richard (Hg.): Parteiendemokratie in Deutschland. Bonn: Bundeszentrale für politische Bildung, S. 406–427.

Hradil, Stephan 1992: Die „objektive" und die „subjektive" Modernisierung. In: Aus Politik und Zeitgeschichte B29/39, S. 3–15.

Inglehart, Ronald 1995: Kultureller Umbruch. Wertwandel in der westlichen Welt. Frankfurt am Main/New York: Campus.

Inglehart, Ronald 1977: The Silent Revolution: Changing Values and Political Styles among Western Publics. Princeton: Princeton University Press.

Jung, Otmar 2005: Grundsatzfragen der direkten Demokratie. In: Kost, Andreas (Hg.): Direkte Demokratie in den deutschen Ländern. Eine Einführung. Wiesbaden: VS Verlag, S. 312–367.

Kahneman, Daniel 2012: Thinking Fast and Slow. UK: Penguin Books.

Klages, Helmut/Herbert, Willi 1983: Wertorientierung und Staatsbezug. Untersuchungen zur politischen Kultur in der Bundesrepublik Deutschland. Frankfurt am Main/New York: Campus.

Klages, Helmut 1993: Häutungen der Demokratie. Zürich: Edition Interform.

Klages, Helmut 2001: Werte und Wertewandel. In: Bernhard Schäfers/Wolfgang Zapf (Hg.): Handwörterbuch zur Gesellschaft Deutschlands. 2., erw. u. aktualisierte Aufl. Opladen: Leske + Budrich, S. 726–738.

Klages, Helmut 2002: Der blockierte Mensch. Zukunftsaufgaben gesellschaftlicher und organisatorischer Gestaltung. Frankfurt am Main/New York: Campus.

Klages, Helmut 2007: Die Zukunft ergreifen! Ein realistischer Ausblick auf die Möglichkeiten des 21. Jahrhunderts. Hamburg: Merus Verlag.

Klages, Helmut/Masser, Kai 2010: Die Stadt im Blickfeld des Bürgers. Das Speyerer Bürgerpanel als Element beteiligungsbasierter Stadtentwicklung. 2., überarb. Aufl. Speyerer Forschungsberichte 265.

Kranenpohl, Uwe 2006: Aktivierung der Bürgergesellschaft durch bundesweite Volksentscheide? In: Hirscher, Gerhard/Huber, Roman (Hg.): Aktive Bürgergesellschaft durch bundesweite Volksentscheide? Direkte Demokratie in der Diskussion. München: Hanns-Seidel-Stiftung e.V., S. 25–37.

Landua, Detlev/Beckmann, Klaus J./Bock, Stephanie/Reimann, Bettina 2013: Auf dem Weg, nicht am Ziel. Aktuelle Formen der Bürgerbeteiligung – Ergebnisse einer Kommunalbefragung. Difu-papers Jan. 2013

Leighninger, Matt 2012: Mapping Deliberative Civic Engagement. In: Nabatchi, Tina/Gastil, John/Leighninger, Matt /Weiksner, G. Michael (Hg.): Democracy in Motion. Evaluating the Practice and Impact of Deliberative Civic Engagment. Oxford: Oxford University Press, S.19–42.

Martini, Mario 2011: Wenn das Volk (mit)entscheidet: Wechselbeziehungen und Konfliktlinien zwischen direkter und indirekter Demokratie als Herausforderung für die Rechtsordnung; mit einem Abdruck der wichtigsten (landes)verfassungsrechtlichen und kommunalrechtlichen Bestimmungen zu Volks- und Bürgerentscheiden. Berlin: Duncker & Humblot.

Merritt, Davis 1998: Public journalism and public life: Why telling the news is not enough. 2. ed. Mahwah, NJ u.a.O.: Erlbaum.

Mill, John Stuart 1971: Betrachtungen über die repräsentative Demokratie. Hrsg. u. mit einer Einleitung von Kurt L. Shell. Paderborn: Schöningh.

Mittendorf, Volker 2008: Auswirkung von Quoren und Themenrestriktionen bei kommunalen Bürgerbegehren im Ländervergleich. In: Vetter, Angelika (Hg.): Erfolgsbedingungen lokaler Bürgerbeteiligung. Wiesbaden: VS Verlag, S. 73–102.

Nanz, Patrizia/Fritsche, Miriam 2012: Handbuch Bürgerbeteiligung. Bonn: Bundeszentrale für Politische Bildung. Online: http://www.bpb.de/shop/buecher/schriftenreihe/76038/handbuch-buergerbeteiligungb.de/shop/buecher/schriften reihe/76038/handbuch-buergerbeteiligung.

Naßmacher, Hiltrud 1997: Keine Erneuerung der Demokratie von unten: Zur Bedeutung direktdemokratischer Beteiligungsverfahren. In: Zeitschrift für Parlamentsfragen, Jg. 28, Heft 3, S. 445–460.

Naßmacher, Hiltrud 2001: Die Bedeutung der Kommunen und der Kommunalpolitik für den Aufstieg neuer Parteien. In: Zeitschrift für Parlamentsfragen, Jg. 32, Heft 1. S. 3–18.

Neumann, Peter/Renger, Denise (Hg.) 2009: Sachunmittelbare Demokratie im interdisziplinären und internationalen Kontext 2008/2009. Deutschland, Österreich, Schweiz. Baden-Baden: Nomos.

Otto, Raimund 2002: Beteiligungsmanagement in Kommunen. Stuttgart: Deutscher Sparkassenverlag.

Schaap, Linze/Daemen, Harry (Hg.) 2012: Renewal in European Local Democracies. Puzzles, Dilemmas and Options. Wiesbaden: Springer.

Schiller, Theo/Mittendorf, Volker (Hg.) 2002: Direkte Demokratie. Forschung und Perspektiven. Wiesbaden: Westdeutscher Verlag.

Schmidt, Manfred G. 2010: Demokratietheorie. 5. Aufl. Wiesbaden: VS Verlag.

Schmitter, Philippe C. 2002: Participatory Governance Arrangements: Is there any Reason to Expect it will Achieve Sustainable and Innovative Politics in a Multilevel Context? In: Grote, Jürgen R./Gbikpi, Bernard (Hg.): Participatory Governance: Political and Societal Implications. Opladen: Leske + Budrich, S. 51–70.

Senatsverwaltung für Inneres und Sport des Landes Berlin (Hg.) 2007: Projektmanagementhandbuch. Der Leitfaden für Projekte in der Berliner Verwaltung, Version 3.0.0 Final, April 2007.

Senatsverwaltung für Stadtentwicklung des Landes Berlin (Hg.) 2011: Handbuch für Partizipation. Berlin: Kulturbuch-Verlag.

Sennett, Richard 1998: Der flexible Mensch. Die Kultur des neuen Kapitalismus. Berlin: Bloomsbury Taschenbuch Verlag.

Stadt Heidelberg o.J. (2012): Leitlinien für die mitgestaltende Bürgerbeteiligung in der Stadt Heidelberg (Beschluss des Gemeinderats vom 25.07.2012).

Stadt Heilbronn – Stabsstelle Strategie 2012: Bürgerbefragung Bundesgartenschau 2019/Stadtviertel Neckarbogen. Ergebnisse, unveröffentlichtes Arbeitspapier.

Städtetag Baden-Württemberg 2012: Hinweise und Empfehlungen zur Bürgermitwirkung in der Kommunalpolitik. Stuttgart.

Tocqueville, Alexis de 1978: Der alte Staat und die Revolution. München: Deutscher Taschenbuch Verlag.

Tocqueville, Alexis de 1985: Über die Demokratie in Amerika. Stuttgart: J.P. Mayer.

Vetter, Angelika 1997: Einstellungen zur lokalen und nationalen Politik. In: Gabriel, Oscar W./Brettschneider, Frank/Vetter, Angelika (Hg.): Politische Kultur und Wahlverhalten in einer Großstadt. Opladen: Westdeutscher Verlag. S. 17–42.

Vetter, Angelika 2002: Lokale Politik als Ressource der Demokratie. Opladen: Leske + Budrich.

Vetter, Angelika 2010: Die Europäischen Charta der kommunalen Selbstverwaltung (EKC) und ihre politische Bedeutung. In: Gabriel, Oscar W./Müller-Graff, Peter-Christian/Steger, Christian O. (Hg.): Kommunale Aufgaben im Europäischen Binnenmarkt. Baden-Baden: Nomos, S. 119–142.

Vetter, Angelika 2011: Lokale Politik als Rettungsanker der Demokratie? In: Aus Politik und Zeitgeschichte 7–8/2011, S. 25–32.

Vetter, Angelika/Kuhn, Sebastian 2012: (Nationale) Parteien in der lokalen Politik: Wandel oder Krise? In: Haus, Michael/Kuhlmann, Sabine, (Hg.): Lokale Politik und Verwaltung im Zeichen der Krise? Wiesbaden: Springer VS, S. 27–48.

Verzeichnis der Abbildungen und Tabellen